O. Cernavin / M. Führ / M. Kaltenbach / F. Thießen (Hrsg.)

Cluster und Wettbewerbsfähigkeit von Regionen

Volkswirtschaftliche Schriften

Begründet von Prof. Dr. Dr. h. c. J. Broermann †

Heft 543

Cluster und Wettbewerbsfähigkeit von Regionen

Erfolgsfaktoren regionaler Wirtschaftsentwicklung

Herausgegeben von

Oleg Cernavin, Martin Führ,
Martin Kaltenbach und Friedrich Thießen

Duncker & Humblot · Berlin

Bibliografische Information Der Deutschen Bibliothek

Die Deutsche Bibliothek verzeichnet diese Publikation in
der Deutschen Nationalbibliografie; detaillierte bibliografische
Daten sind im Internet über <http://dnb.ddb.de> abrufbar.

Fremddatenübernahme und Druck:
Berliner Buchdruckerei Union GmH, Berlin
Printed in Germany

ISSN 0505-9372
ISBN 3-428-11837-5

Gedruckt auf alterungsbeständigem (säurefreiem) Papier
entsprechend ISO 9706 ♾

Internet: http://www.duncker-humblot.de

Inhaltsverzeichnis

Einleitung:
Regionalökonomie verdrängt Nationalökonomie

Ansatzpunkte zur Förderung der Cluster-Entwicklung

Von Oleg Cernavin und Martin Führ

Wirtschaftscluster als Erfolgsfaktoren regionaler Wirtschaftsentwicklung – so lautete das Thema des Wissenschaftsforums „Zukunft: Rhein-Main", dessen Beiträge in diesem Band zusammengefasst sind. Das Rhein-Main-Institut hatte gemeinsam mit dem Amerikahaus Frankfurt zu dem Forum eingeladen. Ziel des Forums war es, einerseits Kriterien für eine erfolgreiche regionale Entwicklung als Hilfestellung für die Akteure in der Region zu erarbeiten; andererseits aber auch offene Fragen zu benennen, denen sich die Wissenschaft zuzuwenden hat.

I. Neue ökonomische Handlungsbedingungen

Wettbewerbsfähigkeit, so stellen immer mehr Unternehmen fest, hängt auch von der Qualität des sozialen Umfeldes in der Region ab. In der Tat kümmern sich wieder mehr Wissenschaftler, Wirtschaftsförderer und Unternehmen um die Region. In der Vergangenheit, so stellte der Regionalökonom Hans-Joachim Kujath fest, reduzierten sich Regionen auf „statische Räume" und „Standorte" (Kujath 1998). Heute ändert sich der Blick auf die Regionen und auch das Selbstverständnis der Regionen selbst unterliegt einem Wandel. Heute werden Regionen als eigenständige ökonomische Einheiten mit spezifischen und einzigartigen Qualitäten und Bedingungen wahrgenommen. Die spezifischen ökonomischen Beziehungen in der Region, ihre spezifischen humanen und sozialen Ressourcen, die regionalen Institutionen und die kulturellen und ökologischen Potenziale des regionalen Raums werden als Faktoren für Wettbewerbsfähigkeit erkannt.

Es kommt zu einer „Neubewertung von Orten" (Esser et al. 2001). In der Literatur werden vor allem drei sich gegenseitig bedingende Entwicklungslinien angeführt, die hinter dieser Neubewertung des regionalen Raums stehen:

- Unternehmen entwickeln sich durch Re-Organisation und Outsourcing in Richtung auf Netzwerke (vgl. u.a. Picot et al. 1996, Schreyögg 1998).

- Körperliche Arbeit wird zunehmend durch Wissensarbeit ersetzt und damit auch entgrenzt und intensiviert (vgl. u. a. Moldaschl et al. 2002, Minssen 2000).
- Produktion und Konsumption organisiert sich im globalen Maßstand neu (vgl. u. a. Altvater et al. 1997; Castells 2001).

Aufgelöste ökonomische Strukturen sowie geänderte globale Handlungsbedingungen rücken offensichtlich die Qualität der ökonomischen und sozialen Beziehungen und Bedingungen im regionalen Umfeld in den Fokus von Produktivität und Wettbewerbsfähigkeit.

Eine der Auswirkungen dieser Entwicklungen ist, dass die Regionalökonomie die Nationalökonomie zu verdrängen beginnt. Eine weitere Auswirkung betrifft die Regionen selbst. Sie müssen lernen, sich selbst als Akteure wahrzunehmen und gleichzeitig Handlungskonzepte und -strategien für die neuen ökonomischen Bedingungen zu gewinnen.

II. Wettbewerb der Regionen

Die wettbewerbsbezogene Beobachtung stellt fest, dass die Vorstellung, es würden Nationen miteinander ökonomisch im Wettstreit stehen, bereits seit einiger Zeit nicht mehr zutrifft. Die Nationalstaaten sind bei der Gestaltung ihrer wirtschaftlichen Rahmenbedingungen nicht mehr frei. Jedenfalls innerhalb der europäischen Gemeinschaften haben sie nicht nur die Legislativgewalt, sondern auch die Wettbewerbsaufsicht und die Geldpolitik weitgehend in die Hände einer zwischenstaatlichen Organisation gelegt. Die Folge: Die Nationalstaaten sind nicht mehr *souverän*; die Hoheitsgewalt liegt gerade in der Wirtschaftspolitik überwiegend bei den Europäischen Gemeinschaften. Und auch im Rahmen des GATT ist eine Entwicklung zu beobachten, die jedenfalls in ihrer ökonomischen Logik auf der gleichen Linie liegt: nämlich die Stärkung des freien Verkehrs von Waren, Dienstleistungen und Kapital.

In dem Maße, in denen die nationalstaatlichen Konturen schwächer werden, treten die Regionen aus dem Nebel der Geschichte hervor. Eine große Bedeutung haben sie seit jeher gespielt, aber sie wurden vergleichsweise wenig beachtet. Der Fokus von Ökonomie und Politik war viel zu stark auf die nationalstaatliche Bühne gerichtet; diese wurde hell ausgeleuchtet; der Rest verblasste dagegen.

Paradigmatisch dafür ist vielleicht das epochale Werk von Adam Smith – auch als die Bibel des Kapitalismus bezeichnet. Er untersuchte „Nature and Cause of the Wealth of Nations“ und begründete die Klassische Nationalökonomie (Smith 1923 (1775)). Die Prägekraft dieses Ansatzes hielt bis in das letzte Jahrzehnt des vergangenen Jahrhunderts an. Michael Porter veröffentlichte 1990 das 900-seitige Werk „The Competive Advantage of Nations“ (Porter 1990), in dessen Kontext auch das materialreiche Buch von Claas van der Linde „Deutsche Wettbewerbsfähigkeit“ (van der Linde 1992) entstanden ist. In den letzten Jahren jedoch tritt auch bei Porter und van der Linde die Region stärker in den Mittelpunkt.

Bei unseren Vorgesprächen zum Wissenschaftsforum haben wir gelernt, dass in Deutschland Ansätze in der Ökonomie, stärker regional zu denken und zu forschen, vor etwa 30 Jahren einmal eine etwas stärkere Position hatten, dann aber relativ stark zurückgefallen sind. Das heißt nicht, dass an verschiedenen Ecken und Enden nicht dazu geforscht wird; aber es dürfte doch ein erheblicher Nachholbedarf bestehen, vor allem auch vor dem Hintergrund der Dynamik der neuen ökonomischen Handlungsbedingungen. Von daher ist die Wissenschaft darauf angewiesen, mit den für die Wettbewerbsfähigkeit von Regionen entscheidenden Fragen konfrontiert zu werden; wie natürlich umgekehrt die in der Wissenschaft verfügbaren Erkenntnisse so aufzubereiten sind, dass sie für Entscheidungsträger in der Region hilfreich sind.

III. Wirtschaftscluster – eine Perspektive für Regionen

Ein Konzept, das von der Wissenschaft diskutiert wurde und das den Regionen helfen kann, den neuen Anforderungen offensiv zu begegnen, ist das Cluster-Konzept beziehungsweise die Cluster-Perspektive. Ein Wirtschaftscluster in der Definition von Porter kann als ein System untereinander verknüpfter Unternehmen eines Wirtschafts- oder Leistungsbereiches und Einrichtungen verstanden werden, dessen Gesamtwert größer ist als der Wert der Summe der Einzelteile (Porter 1999, S. 225).

Die Cluster-Perspektive richtet den Blick nicht – wie es die traditionelle Perspektive in Regionen tut – auf quantitative Bestandsgrößen wie Branchen und Sektoren, sondern auf die sozialen Beziehungen zwischen den Akteuren und die Qualität der darin stattfindenden Austauschprozesse. In aufgelösten ökonomischen (Netzwerk-)Strukturen und bei entgrenzter Arbeit beeinflussen genau diese sozialen Beziehungen im regionalen Umfeld die Produktivität und die Innovationsfähigkeit der Prozesse. Das, was früher in der Regel innerhalb der Unternehmensgrenzen stattgefunden hat, wird heute in den regionalen Raum outgesourct.

Waren früher das Betriebsklima und die Qualität der internen Organisation *im Unternehmen* für die Motivation und Produktivität maßgeblich, so gewinnen heute zunehmend die sozialen Beziehungen entgrenzter ökonomischer Strukturen und Prozesse *im regionalen Raum* an Bedeutung für die Motivation und Produktivität. Überspitzt wollen wir als These formulieren:

Produktivität und Innovation hängen heute zunehmend von der Qualität der Cluster-Beziehungen in der Region ab, so wie sie früher von der Qualität der Organisation in den Unternehmen abhing. Das soziale Kapital beziehungsweise die sozialen Ressourcen eines Wirtschaftsclusters in der Region gewinnen somit an Bedeutung.

Porter sieht drei Arten, wie sich Wirtschaftscluster auf die Wettbewerbsfähigkeit auswirken:

1. Wirtschaftscluster in Regionen erhöhen die Produktivität der Cluster-Akteure der Branche durch eine effizientere räumliche Organisation zur Beschaffung von Produktionsfaktoren (lokales Outsourcing).
2. Wirtschaftscluster in Regionen verbessern die Innovationsfähigkeit der Cluster-Akteure, da Kundenbedürfnisse und Trends durch engere Kontakte zu Konkurrenten früher erkannt werden.
3. Wirtschaftscluster in Regionen regen die Gründung neuer Unternehmen an, weil die Eintrittsbarrieren dort niedriger sind.

Die Beiträge des Wissenschaftsforums „Zukunft Rhein-Main" des Rhein-Main-Institutes (RMI), die in diesem Band zusammengefasst sind, beschreiben die ganze Bandbreite der Diskussionen um das Cluster-Konzept. Sie beschreiben die Potenziale der Konzeption, sie verdeutlichen die Probleme, die sich in der Praxis gezeigt haben und sie ziehen Schlussfolgerungen für die Akteure in den Regionen. Sie formulieren aber auch die Skepsis, die in der wissenschaftlichen Diskussion dem Cluster-Konzept teilweise entgegengebracht wird.

IV. Cluster und Regionalentwicklung

Der einleitende Beitrag, verfasst von *Claas van der Linde*, der gemeinsam mit Michael Porter, Harvard Business School, an einer Cluster-Meta-Studie arbeitet, stellt zunächst einmal den inhaltlichen Ansatz und den begrifflichen Rahmen des Porterschen Cluster-Konzeptes vor. Im Anschluss berichtet er über den aktuellen Stand der weltweit größten Cluster-Studie der Harvard Business School. Dabei wird deutlich, dass Cluster-Entwicklung nichts mit Sektorenförderung oder Industriepolitik zu tun hat, sondern dass clusterbasierte Wirtschaftsförderung in allen vorhandenen Feldern Produktivität fördert.

Den Wandel der Arbeit und die wachsende Bedeutung der Cluster-Perspektive beschreibt *Oleg Cernavin*. In diesem Beitrag wird aus der Perspektive der Arbeitswissenschaften dargestellt, welche Potenziale Cluster als soziale Systeme für die neuen Arbeitsbedingungen und -strukturen haben. Cernavin beschreibt den Wandel der Inhalte, der Strukturen und des Ortes der Arbeit sowie die neuen Anforderungen an die Wertschöpfung und reflektiert, welche neue regionale Bedeutung Wirtschaftscluster für diese Prozesse haben.

Ein konkretes Beispiel für ein Cluster stellt *Wulf Brämer* vor. „Materials Valley – Rhein-Main" ist der Name eines Clusters von Unternehmen und Instituten der Materialforschung und Werkstofftechnologie. Brämer stellt das materialtechnische Fundament vor, das Wissenschaft und Industrie in Form von gut ausgebildeten Fachkräften und einem hohen technologischen Stand der Umfeldbedingungen in der Region vorfinden.

Eike W. Schamp diskutiert in seinem Beitrag am Beispiel des Rhein-Main-Gebietes die Bedingungen von Cluster-Entwicklungen. Er macht dabei auch die Schwierigkeiten deutlich, Cluster verlässlich zu identifizieren. Dieses Problem mache es vor allem regionalen Akteuren wie Wirtschaftsförderern schwer, eine aktive Cluster-Politik zu entwickeln. Schamp beschreibt die internen selbstgesteuerten Netzwerkbeziehungen im Cluster als die entscheidenden Koordinationsmechanismen für wirtschaftliche Entwicklung. Cluster haben für den Autor vor allem die Funktion, die Stärke von Regionen nach innen und außen deutlich zu machen.

Eine kritische Auseinandersetzung mit den Ergebnissen von van der Linde nimmt *Kilian Bizer* anhand von zwei kleinen Clustern im Rhein-Main-Gebiet vor. Eine Schwäche im Cluster-Ansatz besteht für Bizer – gespiegelt am Begriff der regionalen Nachhaltigkeit – darin, dass der Begriff zu unspezifisch ist. Der Cluster-Ansatz ermögliche allerdings, Entwicklungspotenziale von Regionen zu erkennen und Entwicklungspfade zu skizzieren.

Rolf Sternberg warnt zunächst davor, den Begriff des Clusters unreflektiert als Modebegriff zu verwenden. Cluster allein seien keine ausreichende Bedingung für die Dynamik einer Region. In der Regionalökonomie setze sich in den letzten Jahren eine Denkschule durch, die in den endogenen Faktoren der Region wie Kultur, Institutionen, Politik und auch Ökonomie Ursachen für Wachstum sehe. Danach haben regionale Innovationsnetzwerke in Clustern positive Effekte auf die Regionalentwicklung insbesondere durch die Wissens-Spillovers, die meist nicht über Regionengrenzen hinweggehen. Sternberg benennt darüber hinaus die Erfolgswahrscheinlichkeiten und die Möglichkeiten, Cluster mit wirtschaftspolitischen Instrumenten zu fördern.

Um die Potenziale des Cluster-Ansatzes für die Wettbewerbsfähigkeit von Regionen zu nutzen, müssen Regionen in der Lage sein, eigenständig als Akteure aufzutreten und zu handeln. Mit diesem Aspekt setzt sich *Eckhard Bergmann* auseinander. Eine eigene Handlungsfähigkeit der Region ist für Bergmann eine wesentliche Voraussetzung, um die wesentlichen Stellschrauben für die Entwicklung richtig justieren zu können. Um eine innovative Regionalentwicklung einzuleiten, in der dann auch der Cluster-Ansatz hilfreich sein kann, ist eine voraussetzungsreiche Regionalpolitik gefordert, in der die Region ihre Gestaltungsmöglichkeiten aufweist, Gestaltungskompetenz nachweist und eine Gestaltungsrichtung vorgibt.

Die Beiträge dieses Bandes spiegeln die ganze Bandbreite der Diskussionen im Hinblick auf die Potenziale des Cluster-Ansatzes für die Wettbewerbsfähigkeit von Regionen. Alle Beiträge machen deutlich, dass die Perspektive von Wirtschaftsclustern den Blick auf Innovationspotenziale von Regionen öffnen kann. Die Cluster-Perspektive hilft, die Aufmerksamkeit auf diejenigen Faktoren zu lenken, die durch den Wandel der Arbeit, durch die neuen Anforderungen einer zunehmend wissensbasierten Produktion und Leistungsentwicklung, durch sich auflösende ökonomische Strukturen und durch globale Produktion und Konsumption immer relevanter werden.

Gleichzeitig wird aber in allen Beiträgen auch sichtbar, dass der Cluster-Ansatz dann jede Dynamik und Stärke verliert, wenn er zum kurzfristigen Modetrend degeneriert. Weder Regionen noch Cluster lassen sich durch kurzatmige Modekonzepte „puschen“. Regionen sind zwar in dem Maße zunehmend gefordert, wie die Regionalökonomie die Nationalökonomie verdrängt. Das darf aber nicht zu hektischen Reaktionen der Akteure führen. Das Konzept der Wirtschaftscluster ist kein Wunderrezept. Im Gegenteil erfordert es lange, beharrliche und nachhaltige Entwicklungen und Prozesse, um tatsächlich seine Potenziale zur Gestaltung der neuen ökonomischen Bedingungen entfalten zu können. Den schnellen Erfolg gibt es nirgends und es wäre schade, wenn der brauchbare Ansatz der Wirtschaftscluster für die Regionalentwicklung auf dem Altar der kurzatmigen Moden geopfert werden würde.

Bei der Stärkung der Wettbewerbsfähigkeit der regionalen Ökonomie geht es nicht darum, ganz neue Prozesse anzustoßen. Auch hier sollte keine Region auf jeden Modezug aufspringen. Nicht jede Region kann eine High-Tech-Region sein. Die Regionen sollten sich auf ihre vorhandenen Stärken konzentrieren. Um dies tun zu können, müssen viele Regionen die vorhandenen Potenziale und Stärken zuerst einmal identifizieren. Regionen müssen lernen, ihre Stärken und Kernkompetenzen kennen zu lernen. Die Cluster-Perspektive ist im Kern analytisch. Sie hilft, den Blick auf die eigentlichen Potenziale der Region zu richten und sie besser wahrnehmen zu können.

Die Potenziale von Regionen zu erkennen setzt allerdings voraus, dass die Region als Region handlungsfähig ist. Wie kompliziert und langwierig dieser Prozess ist, zeigt das Beispiel Rhein-Main-Region. Einerseits gilt diese Region weltweit als eine führende Metropolenregion, besitzt also eine hervorragende Ausgangssituation im Wettbewerb der Regionen. Andererseits verspielt die Region viele Möglichkeiten, weil sie als politischer Akteur gar nicht sichtbar ist. Kreis- und Landesgrenzen sowie Kirchturmdenken vieler beteiligter politischer Akteure erschweren ein gezieltes Handeln als Region. Als Region besitzt Rhein-Main wenig Gestaltungskompetenz. Die Stärke der Ökonomie der Region kümmert sich aber nicht um Kreis- und Landesgrenzen. Cluster kennen nur die Effektivität und Effizienz der Wertschöpfungsprozesse. Die Cluster-Perspektive hilft, die Grenzen von Regionen zu identifizieren und sie von den eigentlichen ökonomischen Stärken aus abzuleiten und zu betrachten. Nicht die politischen Verwaltungsgrenzen sind für eine Region wettbewerbsentscheidend, sondern die ökonomischen Potenziale sowie die humanen und sozialen Ressourcen.

Die Cluster-Perspektive und die Diskussionen in diesem Band machen schließlich auch deutlich, dass die politischen Akteure der Region – wenn sie denn als Region überhaupt schon eigenständig agieren – diesen Prozess nur begrenzt steuern können. Die Wettbewerbsfähigkeit von Regionen hängt vor allem von den wirtschaftlich handelnden Akteuren selbst ab und von den Arbeitsbedingungen, die sie für ihre Wertschöpfungsprozesse vorfinden. Das Tacit-Knowledge von regionalen Clustern, wie es Sternberg in diesem Band formuliert, und die sozialen Cluster-Ressourcen, wie Cernavin sie darstellt, werden für die Wertschöpfung in der neuen Wissensökonomie immer relevanter, entwickeln sich aber im ökonomischen Prozess selbst. Regionale Verwaltungen haben wenig direkten Einfluss auf diese Cluster-Prozesse. Sie können sie allerdings sichtbar machen, sie können die Kontexte für die handelnden Akteure schaffen und gestalten und sie können Prozesse der Identität der Akteure nach innen und außen fördern. Regionen haben die Aufgabe, Identifikationen aufzubauen und Images zu schaffen.

Nach Planung und Durchführung des Wissenschaftsforums ziehen wir für uns folgendes Fazit: In dem Maße, wie die Regionalökonomie die Nationalökonomie verdrängt und wie die Wissensökonomie an die Stelle der alten Industrieökonomie tritt, kann der Cluster-Ansatz Regionen neue Perspektiven für die Wettbewerbsfähigkeit eröffnen. Voraussetzung ist allerdings, dass Regionen lernen, die Cluster-Perspektive mit Geduld und nachhaltig anzuwenden. Cluster-Prozesse können durch Regionen nicht konstruiert werden, sondern Regionen müssen die vorhandenen Stärken identifizieren und diese fördern helfen. Ihre wesentlichen Funktionen sind dabei:

- Sie können den sozialen Kitt der Cluster-Prozesse in der Region fördern helfen.
- Sie können die Region als Faktor im globalen Wettbewerb von ihren Kernkompetenzen aus platzieren.

Die Beiträge dieses Bandes machen insgesamt deutlich, dass eine gezielte Cluster-Politik ein Instrument sein kann, die Wettbewerbsfähigkeit von Regionen weiter zu stärken – wenn Regionen sie denn richtig betreiben.

Schließlich ist allen Dank zu sagen, die an der Vorbereitung mitgeholfen haben. Vor allem natürlich der Geschäftsführerin des Rhein-Main-Institutes (RMI), Barbara Link. Aber auch viele ehrenamtliche Helfer aus dem ganzen Rhein-Main-Gebiet – von Mainz bis Aschaffenburg und selbstverständlich auch in Darmstadt – haben die Vorbereitung auf vielfältige Weise unterstützt.

Eine Veranstaltung dieses Charakters sowie die vorliegende Publikation lassen sich allerdings nicht allein auf der Basis ehrenamtlichen Engagements auf die Beine stellen. Von daher hat es uns sehr gefreut, dass die Initiative Zukunft Rhein-Main und hier vor allem der Landkreis Groß-Gerau eine Anschubfinanzierung geleistet haben. Besonders wichtig ist für uns die Kooperation mit dem Amerikahaus Frankfurt; erlaubt sie doch Forschungsansätze jenseits des Atlantik mit unseren Perspektiven zu verknüpfen. Deshalb ist auch dem Amerikahaus – genauer gesagt dem amerikanischen Außenministerium – für die Unterstützung zu danken.

Literatur

Altvater, E./*Mahnkopf,* B.: Grenzen der Globalisierung, Münster 1996

Castells, M.: Das Informationszeitalter I – Die Netzwerkgesellschaft, Opladen 2001

Esser, J./*Schamp,* E. W. (Hrsg.): Metropolitane Region in der Vernetzung, Frankfurt am Main 2001

Kujath, H. J. (Hrsg.): Strategien der regionalen Stabilisierung, Berlin 1998

Linde, C. van der: Deutsche Wettbewerbsvorteile, Düsseldorf/Wien/New York/Moskau 1992

Minssen, H. (Hrsg.): Begrenzte Entgrenzung, Berlin 2000

Moldaschl, M./*Voß,* G. G. (Hrsg.): Subjektivierung von Arbeit, München, Meringen 2003

Picot, A./*Reichwald,* R./*Wigand,* R. T.: Die grenzenlose Unternehmung, Wiesbaden 1996

Porter, M. E.: The Competitive Advantage of Nations, New York 1990 (Porter, M. E.: Nationale Wettbewerbsvorteile, München 1991)

– Cluster und Wettbewerb: Neue Aufgaben für Unternehmen, Politik und Institutionen, in: Porter, M. E. (Hrsg.): Wettbewerb und Strategie, München 1999, S. 207–302

Schreyögg, G.: Organisation, Wiesbaden 1998 (2. Aufl.)

Smith, A.: Eine Untersuchung über Natur und Wesen des Volkswohlstandes (Band 1–3), Jena 1926 (Originalausgabe „Nature and Cause of the Wealth of Nations", London 1775)

Cluster und regionale Wettbewerbsfähigkeit

Wie Cluster entstehen, wirken und aufgewertet werden

Von Claas van der Linde

„Cluster. Zu Deutsch: Knubbel oder auch Trauben; sie dürften zu den Schlüsselgrößen der künftigen Wirtschaftspolitik in Europa und der Welt gehören." (McKinsey 2002) Diese Definition eines immer mehr beachteten Phänomens zierte im Jahre 2002 die Titelseite eines von der Beratungsgesellschaft McKinsey editierten Themenheftes über Wirtschaftscluster. Die Definition ist nicht nur amüsant, sie stimmt auch. Unter Cluster versteht man im Englischen neben anderem auch eine Traube von Weintrauben und genauso wie Firmen sich oft an einem Ort zusammenballen, so ballen Trauben sich an ihrem Ast. Was nun die Wirtschaftsbedeutung von Clustern angeht, so können wir McKinsey auch recht geben. Vor wenigen Jahren noch beschäftigten sich nur wenige Fachleute mit ihnen. Heute sind sie in jedermanns Munde und in vielen Ländern sind Cluster zu einem wichtigen Teil der Wirtschaftspolitik geworden.

Grundsätzlich handelt es sich bei der Clusterbildung jedoch um ein altes Phänomen, das auch schon früh als solches erkannt wurde. 1826 schrieb Johann Heinrich von Thünen[1] als wahrscheinlich erster darüber und auch Alfred Marshall[2] widmete sich 1890 sowie 1916 dem Thema. In den Blickpunkt des allgemeinen wissenschaftlichen Interesses gerieten Cluster allerdings erst vor wenigen Jahren. Den Beginn machten Piore/Sabel (1984) sowie Porter (1990) und Krugman (1991). Seit dem hat die Aufmerksamkeit nicht mehr abgerissen und jedes Jahr sind mehr Veröffentlichungen zu diesem Thema erschienen. Eine Suche in der Lexis/Nexis Datenbank zeigt zum Beispiel, dass im Jahre 1990, als Porters Competitive Advantage of Nations erschien, nur vier Zeitungs- oder Zeitschriftenartikel das Schlagwort „industry cluster" erwähnten. 1993 waren es 27, 1996 dann 105, 1999 280, und im Jahr 2001 waren schon über 400 Artikel zu dem Thema zu verzeichnen.

---

[1] Thünen (1783–1850) entwickelte die Grundlagen der volkswirtschaftlichen Standortlehre.

[2] Marshall (1842–1924) Begründer und führender Vertreter der anglo-amerikanischen volkswirtschaftlichen Theorie.

Ein vertieftes Eingehen auf das Thema Cluster bedingt ein gemeinsames Verständnis wirtschaftlicher Wettbewerbsfähigkeit und ihrer Ursachen. Im folgenden Abschnitt sei somit kurz auf die Ursachen von Innovations- und Wettbewerbsfähigkeit eingegangen, bevor dann im weiteren Entstehen und Wirkungsweise von Clustern erläutert werden.

I. Innovations-, Wettbewerbsfähigkeit und Lebensstandard

In den letzten 10 bis 15 Jahren ist immer deutlicher geworden, dass Wettbewerbsfähigkeit direkt durch Produktivität bedingt ist. Produktivität ist einfach wieviel eine Volkswirtschaft pro Tag und Arbeitskraft sowie für jeden in Maschinen investierten Euro verdient. Ist ein Land produktiv, so kann es sich leisten, sich viel zu zahlen. Umgekehrt verursacht niedrige Produktivität niedrige Löhne und niedrigen Lebensstandard. Ein undynamisches Land, das nicht ständig seine Produktivität verbessert, wird seinen Wohlstand nicht dauerhaft vermehren können.

Früher, in einer weniger globalen Wirtschaft, konnte noch das alte Wettbewerbsmodell funktionieren, das auf niedrigen Inputkosten beruhte. Konkurrenzfähigkeit war durch niedrige Löhne, niedrige Steuern oder niedrige Kapitalkosten zu erreichen. Heutzutage kann eine Produktion jedoch schnell in Länder mit noch niedrigeren Löhnen und noch niedrigeren Kosten verlagert werden und Kapital kann sehr schnell in andere Regionen abfließen, in denen sich bessere Möglichkeiten bieten. Heutzutage beruht die Wettbewerbsfähigkeit eines Landes nicht mehr darauf, in *welchen* Branchen es sich dem Wettbewerb stellt, sondern *wie* es das tut. Ein Land, das sich mit produktiven Methoden, mit Fähigkeiten und mit Technologie dem Wettbewerb stellt, kann in fast jeder Branche bestehen.

Der Wohlstand eines Landes ist somit die Folge seiner Fähigkeit, ein Umfeld in bestimmten Branchen zu schaffen, in dem es seine Ressourcen am produktivsten einsetzen kann. Ein Land beziehungsweise eine Region, das ein solches Wettbewerbsumfeld erschafft, wird nicht nur seinen eigenen Wohlstand mehren, sondern auch Firmen aus anderen Ländern oder Regionen anziehen, die dieses produktive Potential anzapfen wollen.

Wie lässt sich Produktivität nun steigern? Letztendlich fast immer nur durch Innovation, wobei Innovation selbstverständlich mehr als nur Technologie und Wissenschaft bedeutet. Innovation betrifft auch Verbesserungen im Marketing, Service, Branding, und Methoden das Produkt zu verkaufen. Innovation erhöht die Produktivität, die wiederum Löhne und Kapitalrenditen erhöht. Über die Jahre hinweg wird somit der Lebensstandard gesteigert. So etwas geht nicht schnell. Es kann Jahre dauern, bis sich Investitionen in innovative Fähigkeiten als neue Produkte, Prozesse, und Firmen, die eine ganze Volkswirtschaft vorwärtstreiben, bemerkbar machen.

Die Vereinigten Staaten illustrieren diesen Punkt gut. Ihre Wirtschaft hat enormen Schwung durch die Informationstechnologie-Revolution bekommen. Begonnen hat das allerdings schon vor 30 oder 40 Jahren mit Investitionen der öffentlichen Hand in die universitäre Forschung. Dann sind eine ganze Reihe von Jahren vergangen bis Technologien wie das Internet entwickelt worden sind, die eine nachhaltige Produktivitätssteigerung mit sich brachten. Mit dieser Methode wird nachhaltiges Wirtschaftswachstum ermöglicht: Sie fördert Innovation, die zu besserer Produktivität führt, die wiederum einen höheren Lebensstandard ermöglicht.

Diese Verbindung zwischen Wohlstand, Produktivität und Innovationsfähigkeit wird in den kommenden Jahrzehnten noch wichtiger werden. Die meisten westlichen Volkswirtschaften sehen sich demographischen Trends ausgesetzt, die zu einem Rückgang der Arbeitsbevölkerung führen werden. Eine der Methoden, mit der traditionell das Wirtschaftswachstum aufrechterhalten wurde, war jedoch der Zugriff auf eine stetig wachsende Arbeitsbevölkerung. In der Zukunft können wir uns darauf nicht mehr verlassen, sondern wir brauchen eine Steigerung der Arbeitsproduktivität und dies ist nur durch Innovation zu erreichen.

Welche Rahmenbedingungen fördern nun Produktivität und Produktivitätswachstum? Traditionell sind wir gewohnt, vor allem an makroökonomische Faktoren wie Zinsen, Inflation und Wechselkurse zu denken, was in einer statischen, sich wenig verändernden Volkswirtschaft auch ausreichend war. Solche Rahmenbedingungen sind auch heute noch absolut notwendig, sie sind aber nicht mehr allein ausreichend.

Dazu kommen nämlich mikroökonomische Ursachen der Wettbewerbsfähigkeit, wie die Qualität der Ausbildung der Arbeitskräfte, die Beschaffenheit von Unternehmensstrategien und Arbeitsweisen oder die Qualität des mikroökonomischen Unternehmensumfeldes. Heutzutage hängt Wettbewerbsfähigkeit vor allem von der ständigen Verbesserung der mikroökonomischen Grundlagen der Wettbewerbsfähigkeit ab. Im World Competitiveness Report[3] des World Economic Forum (WEF) in Genf werden sowohl die makroökonomischen als auch die mikroökonomischen Faktoren, die die Wettbewerbsfähigkeit eines Landes ausmachen, gemessen und verglichen. Ein faszinierendes Ergebnis ist, dass statistisch mehr als 90 Prozent der Wettbewerbsfähigkeit eines Landes durch die mikroökonomischen Faktoren und lediglich 10 Prozent durch makroökonomische Faktoren erklärt werden können.

---

[3] Der Global Competitiveness Report 2002–2003 siehe unter: www.weforum.org/gcr.

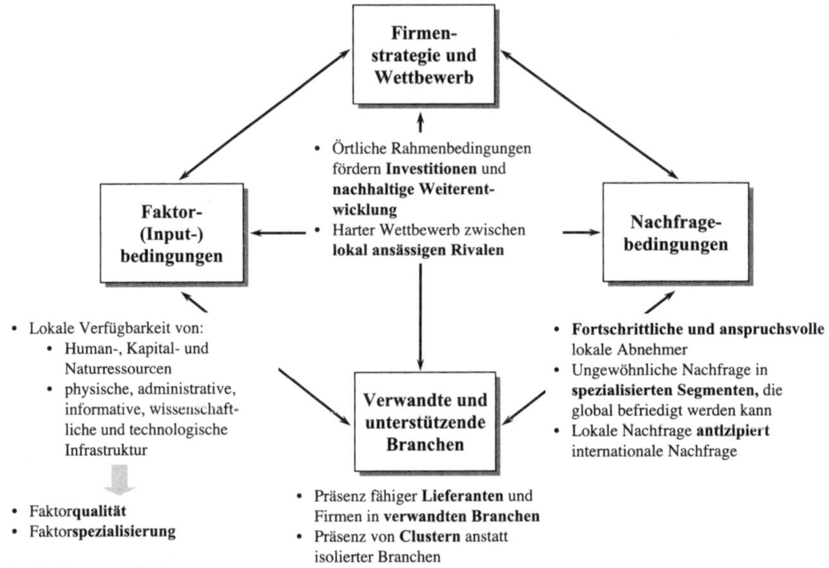

Quelle: Porter (1991)

Abbildung 1: Bestimmungsfaktoren nationaler Wettbewerbsvorteile

Das beste Modell, um die mikroökonomischen Gründe für Wettbewerbsfähigkeit zu verstehen und zu analysieren, ist das Diamanten-Modell von Michael E. Porter (siehe Abb. 1). Es teilt sich auf in vier Einflussfaktoren oder Facetten. Auf der einen Seite stehen *Faktor- oder Inputbedingungen* wie Human-, Kapital- und Naturressourcen sowie Infrastruktur. Je besser deren Verfügbarkeit, Qualität und Spezialisierung ist, desto höher wird die Produktivität sein. Unter *Nachfragebedingungen*, der zweiten Facette des Diamanten, verstehen wir unter anderem die lokale Präsenz von fortschrittlichen Abnehmern, deren hohe Ansprüche die Hersteller zu immer neuen Innovationen zwingen. Solch fortschrittliche lokale Nachfrage kann auch internationale Nachfragebedingungen vorwegnehmen und damit heimischen Nachfragern zu First-Mover-Vorteilen verhelfen. Ähnlich kann auch die lokale Präsenz von starken und innovativen *verwandten und unterstützenden Branchen* (als dritte Facette) zu höherer Produktivität und besserer Wettbewerbsfähigkeit führen. Die vierte Facette betrifft schließlich den Kontext für *Firmenstrategien und Wettbewerb.* Innovation ist häufig die Folge von Rivalität und hartem Wettbewerb vor Ort und ein wettbewerbsförderndes Umfeld wird immer auch ein produktivitätsförderndes Umfeld sein.

Diese vier Facetten beeinflussen sich wechselseitig. Sie bilden ein ganzes System, in dem sich die einzelnen Einflussfaktoren dynamisch immer wieder von neuem beeinflussen und verändern. So führen zum Beispiel bestimmte Nachfragebedingungen oft zur Gründung von neuen Firmen was wiederum den Wettbewerb erhöht aber auch zur Ansiedlung neuer Lieferanten oder der Bildung von Humankapital führen kann.

Ein Land, das sich nicht in wenigstens einem Bereich Vorteile erarbeitet – und das sind normalerweise zuerst die Faktorbedingungen – wird niemals auch nur ansatzweise wettbewerbsfähig sein. Umgekehrt ist nachhaltige Wettbewerbsfähigkeit meistens nur möglich, wenn sich in allen Bereichen vorteilhafte Bedingungen finden.

II. Branchencluster und ihre Wesensmerkmale

Wettbewerbsfähige Branchen sind oft durch räumliche Konzentration gekennzeichnet. In fast jedem Land finden sich lokal begrenzte Agglomerationen von Firmen, die in einer bestimmten Branche oder in verwandten Branchen tätig sind. So wurden zum Beispiel in einer recht klar definierten Gegend in England, nordwestlich von London, Mitte der 1990er Jahre praktisch alle Formel-1-Rennwagen der Welt, alle Indianapolis-500-Rennwagen sowie weltweit die meisten Spitzen-Rallye-Fahrzeuge hergestellt. Dieser Rennwagencluster ist dadurch charakterisiert, dass er geographisch eng konzentriert ist und eine kritische Mindestmenge von Firmen aufweist, die alle mit demselben Endprodukt zu tun haben.

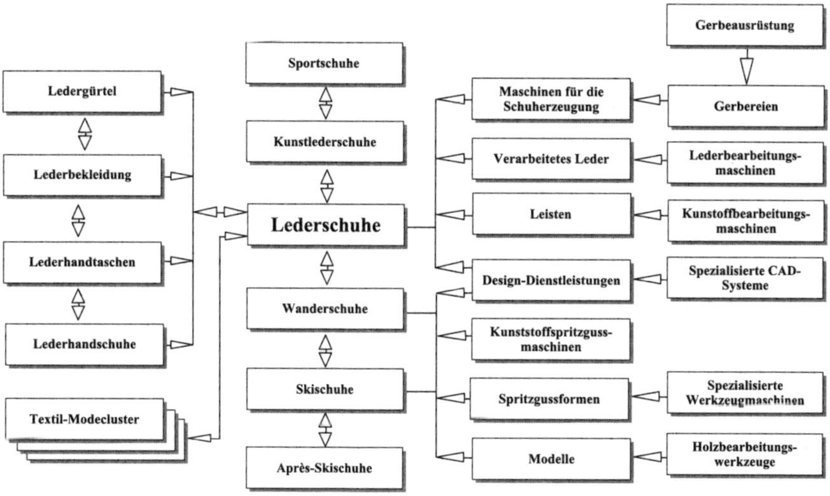

Quelle: Research by Claas van der Linde, 1993.

Abbildung 2: Der italienische Schuhcluster

Ein anderes Beispiel ist der italienische Schuhcluster, in dem hochwertige Lederschuhe produziert werden, mit denen Italien seit Jahrzehnten weltführend ist. Dieser Cluster profitiert von der Nähe zu einer Vielzahl anderer, verwandter und wettbewerbsfähiger Lederbranchen wie Ledergürtel, Lederbekleidung, Lederhandtaschen etc. Ähnlich verhält es sich auch mit den zahlreichen Zulieferern zu diesem Cluster, die selber sehr wettbewerbsfähig sind und deren Anwesenheit dem Cluster weitere Wettbewerbsvorteile verleiht. Der Cluster ist nicht irgendwo oder überall in Italien angesiedelt, sondern besteht aus zahlreichen, regional konzentrierten und klar definierten Subclustern, deren Produktspektrum von Damenwildlederschuhen an einem Ort über Kinderlederschuhe an einem anderen Ort bis hin zu festen Herrenstiefeln an einem dritten Ort reicht.

Ein weiteres Beispiel stellt der weltführende Öl- und Gascluster im texanischen Houston dar. Hier existieren zahlreiche Beziehungen zwischen Firmen und Aktivitäten in vorgelagerten und nachgelagerten Branchen.

Cluster zeichnen sich oft nicht nur durch geographische Konzentration oder Beziehungen zu vor- oder nachgelagerten Branchen aus, sondern auch durch die Nähe zu anderen verwandten Clustern. Der außerordentlich wettbewerbsfähige Weincluster in Californien profitiert etwa von der Nähe zu einem verwandten Landwirtschaftscluster sowie dem verwandten Nahrungsmittel- und Tourismuscluster.

Anhand der aufgeführten Beispiele wird deutlich, dass es viele Möglichkeiten gibt, Cluster zu betrachten und darzustellen. Das bedeutet natürlich auch, dass es verschiedene Clusterdefinitionen gibt. Einige Kriterien sind jedoch fast allen Definitionen gemein:

- eine Mindestanzahl von Firmen in enger geographischer Nähe,
- Firmen, die in verwandten Bereichen tätig sind,
- ähnliche oder sich ergänzende Endprodukte oder Dienstleistungen sowie
- gemeinsame Beziehungen zu verwandten oder nachgelagerten Branchen.

Die Definition für einen Cluster lautet somit: *Ein Cluster ist eine an einem Ort konzentrierte Gruppe von Unternehmen und verwandten Institutionen, deren Aktivitäten in einem bestimmten Feld miteinander verwandt sind oder die einander ergänzen.* Cluster sind damit viel mehr als nur eine einzige Branche. Auf der Skala vom einzelnen Unternehmen bis hin zur gesamten Volkswirtschaft finden wir den Cluster zwischen der einzelnen Branche und dem Branchensektor. Dazu kommt allerdings noch die bereits beschriebene geographische Ebene.

Cluster bieten eine ganze Reihe von Vorzügen:

- Cluster erhöhen Effizienz und Produktivität durch
  - einen besseren Zugang zu spezialisierten Inputs,
  - niedrigere Transportkosten,
  - vereinfachte Koordination zwischen Firmen und,
  - bedingt durch ständige und sichtbare Rivalität vor Ort, starke Anreize, sich gegenüber lokalen Mitbewerbern zu verbessern.
- Cluster ermöglichen und stimulieren Investitionen durch
  - eine bessere Fähigkeit, Innovationsmöglichkeiten wahrzunehmen,
  - mehr Zulieferer und Institutionen, die bei der Schaffung von Wissen Hilfe leisten,
  - einfacheres Experimentieren angesichts lokal verfügbarer Ressourcen und
  - eine schnellere Verbreitung von Erfindungen.
- Cluster erleichtern die Gründung neuer Unternehmen durch
  - sichtbarere Gelegenheiten für neue Geschäftstätigkeiten,
  - mehr Komplementaritäten über verschiedene Geschäftsfelder hinweg und
  - niedrigere Eintrittsbarrieren in verwandte Geschäftsfelder aufgrund der Existenz lokaler Ressourcen.

Cluster bieten ein spezielles Umfeld und eine ganz besondere Kombination von Produktionsfaktoren, Institutionen und Wissen. Damit können sie sich wie ein Turbocharger auf die Effizienz und die Produktivität auswirken und diese erheblich steigern. Der Turbocharger kann jedoch auch anders herum funktionieren: Ein Cluster, bei dem die Grundlagen für die Wettbewerbsfähigkeit nicht mehr stimmen, kann sehr schnell seine Wettbewerbsfähigkeit verlieren!

Cluster bringen meist außerordentliche Innovationsraten mit sich, weil es einfacher ist, neue Gelegenheiten wahrzunehmen und neue Ideen zu entwickeln, wenn man sich mitten im Geschehen befindet und eine Gruppe von führenden Firmen und Zulieferern nahe bei sich hat. Dazu kommt, dass ein Cluster der beste Platz ist, wenn es um die Kommerzialisierung von neuen Ideen geht. Neue Produkte können auf den Markt gebracht werden, ohne dass eine einzige Firma das gesamte Risiko übernehmen muss. Im Cluster finden sich somit genau die Bedingungen, die für Innovation notwendig sind. Cluster fördern die Ausbildung von spezialisierten Arbeitskräften sowie die Entwicklung von spezialisiertem und auf die jeweilige Branche ausgerichtetem Wissen und entsprechenden Technologien.

	Exportierende Cluster z.B. Medizinische Instrumente, Finanzdienstleistungen	**Lokale Cluster** z.B. Bäckereien, lokale Bauunternehmen	**Rohstoff-cluster** z.B. Kohleabbau
Beschäftigungsanteil	**32.1%**	**67.1%**	**0.8%**
Beschäftigungswachstum, 1993–1999	**2.5%**	**2.8%**	**–0.1%**
Einkommen/Kopf	**$41,678**	**$26,049**	**$31,264**
Einkommen (relativ)	**134.0**	**83.8**	**100.5**
Veränderung	**5.0%**	**3.8%**	**2.5%**
Relative Produktivität	**144.1**	**79.3**	**139.5**
Patente pro 10,000 Beschäftigte	**20.48**	**1.38**	**6.40**
Anzahl der SIC Branchen	**592**	**241**	**46**

Anm.: Daten von 1999, außer relative Produktivität (1997) und Patente (1998).
Quelle: Cluster Mapping Project, Institute for Strategy and Competitiveness, Harvard Business School (www.isc.hbs.edu)

Abbildung 3: Wirtschaftliche Bedeutung von Clustern – Zusammensetzung regionaler Volkswirtschaften

Um die Relevanz von Clustern für die jeweilige Volkswirtschaft beurteilen zu können, muss zwischen drei Arten von Clustern unterschieden werden:

1. Rohstoffcluster wie Forstwirtschaft oder Bergbau.

2. Lokale Cluster wie persönliche Dienstleistungen oder die örtliche Bauwirtschaft, die es in fast allen Gegenden gibt und vor allem lokale Käufer finden.

3. Exportierende Cluster, wie beispielsweise medizinische Geräte oder Finanzdienstleistungen, die nur in wenigen Gegenden angesiedelt sind, die aber in viele andere Regionen oder Nationen exportieren.

Rohstoffcluster und lokale Cluster sind nicht frei in der Wahl ihrer Standorte. Aus diesem Grund sind es vor allem die exportierenden Cluster, die eine entscheidende Rolle bei der Wirtschaftsentwicklung spielen.

In den USA stellen beispielsweise die exportierenden Cluster zusammen nur 32 Prozent der gesamten Arbeitsbevölkerung. Die durchschnittlichen Löhne sind hier jedoch signifikant höher als in lokalen Clustern. Dasselbe gilt für die Produktivität: Sie ist in exportierenden Clustern viel höher als in lokalen Clustern. Am wichtigsten in den exportierenden Clustern ist aber, dass die Innovation (gemessen an erteilten Patenten) bei weitem am höchsten ist. Angesichts der Tatsache, dass Wettbewerbsfähigkeit und Reallöhne die Folge von Produktivität sind und diese wiederum durch Innovation bedingt ist, wird verständlich, warum exportierende Cluster so wichtig für eine Volkswirtschaft sind.

In ihrem 1997 erschienenen Buch „The Death of Distance – How the Communications Revolution Will Change Our Lives" vertrat Frances Cairncross die These, dass „Distanz tot sei", da die fortschreitende Globalisierung Cluster, die ja ein lokales Phänomen seien, irrelevant mache. Das Argument lautete, dass die zunehmende Verbreitung von Kommunikationstechnologien lokale Wirtschaftscluster letztendlich überflüssig machen würde. Dem steht entgegen, dass Wissen in immer mehr Branchen eine immer wichtigere Rolle spielt. Da es zu Beginn seiner Entstehung jedoch fast immer auf informellen Wegen weitergetragen wird, ist solches Wissen lokal. Das bedeutet, dass Geographie in wissensbasierten Clustern weiterhin wichtig, ja sogar wichtiger sein wird. Wir haben es hier mit einem Globalisierungsparadox zu tun: Distanz mag zwar tot sein, das Bedürfnis nach räumlicher Nähe jedoch nicht.

III. Ergebnisse der Cluster Meta-Studie

Um ein besseres Verständnis darüber zu erhalten, wie Cluster entstehen, aussehen, und funktionieren, wurde an der Harvard Business School in Boston unter Leitung des Autors eine mehrjährige Studie durchgeführt. Die Cluster Meta-Studie (genaue Ergebnisse siehe van der Linde 2003) ergab sich aus der Erkenntnis, dass es zwar eine ungeheure Menge von Studien über einzelne Cluster oder Regionen mit Clustern gab, diese jedoch vorwiegend qualitative Informationen enthielten, nicht standardisiert in ihrer Untersuchungsmethodik waren, und darüber hinaus sehr unterschiedliche Qualität aufwiesen.

Das wenige, was über die Gesamtpopulation von Clustern erforscht worden war, betraf auch nur enge Teilaspekte der Clusterthematik oder einzelne Länder und vermittelte somit nur wenige systematische und quantitative Erkenntnisse. Es bot sich also an die vorhandenen Studien zusammenzufassen und neu zu analysieren. Von Beginn war dabei allerdings klar, dass eine neue Untersuchungsmethodik entwickelt werden musste, da die gemeinhin in solchen Fällen genutzte Methodik der Meta-Analyse von einer Zusammenfassung gleich strukturierter quantitativer Studien ausgeht, die Clusterliteratur aber aus vollkommen verschieden aufgebauten qualitativen Studien besteht.

Wir entschieden uns somit im Rahmen einer mehrjährigen Literaturstudie, systematisch Informationen über Cluster zu sammeln und diese anhand von standardisierten Bewertungsskalen zu kodieren. Dies erlaubt eine quantitative Analyse mit neuen Erkenntnissen über Aussehen und Zusammensetzung von Clustern und ihre wirtschaftlichen Merkmale, ihre Wettbewerbsfähigkeit und die Gründe für diese Wettbewerbsfähigkeit, das Alter von Clustern, die Gründe für ihre Ansiedlung an bestimmten Orten, und letztendlich auch die Gründe dafür, warum manche Cluster schließlich absterben.

Die entstandene Datenbank stellt wahrscheinlich das weltweit größte Clustersample dar und umfasste nach Abschluss der ersten Phase der Untersuchung 833 Cluster aus 49 Ländern mit insgesamt 26.035 Observationen von denen 14.069 quantitativ auswertbar waren. Die Anzahl der Cluster innerhalb der einzelnen Länder variierte dabei stark (siehe Tabelle 1). Dies mag zum einen die tatsächlichen Verhältnisse widerspiegeln, ist sicherlich aber auch Ergebnis des unterschiedlichen Interesses an Clustern in diesen Ländern, welches sich in einer unterschiedlichen Bereitschaft zu Veröffentlichungen zu diesem Thema niederschlägt.

Tabelle 1

Die Cluster Meta-Studie: Zahl und Herkunft aller Cluster in der Datenbank

25 Industrieländer				*24 Entwicklungsländer*			
2	Andorra	72	Italien	3	Brasilien	5	Marokko
4	Australien	4	Japan	1	Chile	1	Nepal
7	Östereich	6	Niederlande	1	Kolombien	1	Pakistan
1	Belgien	10	Neuseeland	2	Costa Rica	9	Palästina
1	Bermuda	1	Norwegen	3	Ekuador	6	Philippinen
13	Kanada	4	Portugal	1	Estland	1	Polen
34	Dänemark	3	Singapur	1	Ghana	2	Südafrika
11	Finnland	6	Spanien	106	Indien	1	Taiwan
96	Frankreich	5	Schweden	4	Jordanien	1	Thailand
31	Deutschland	13	Schweiz	4	Kenia	1	Türkei
11	Hong Kong	168	England	3	Libanon	2	Venezuela
2	Irland	153	USA	2	Malaysia		
6	Israel			8	Mexiko		
664	*Cluster aus Industrieländern*			*169*	*Cluster aus Entwicklungsländern*		

1. Größe der untersuchten Cluster

Cluster sind oft sehr klein. Mehr als die Hälfte aller Cluster innerhalb des Samples hatten weniger als 10.000 Beschäftigte und mehr als ein Drittel der Cluster wies weniger als 5.000 Beschäftigte auf. Der Median der Anzahl der Beschäftigten betrug gerade 10.000. Der kleinste Cluster im Sample, ein Musikinstrumentencluster in der Lorraine in Südfrankreich, umfasste gerade einmal 8 Unternehmen mit 50 Beschäftigten.

Cluster können aber auch außerordentlich groß sein. Die größten Cluster in dem Sample bezüglich der Beschäftigtenzahl waren der Computer- und Softwarecluster im kalifornischen Silicon-Valley mit mehr als einer Million Beschäftigten und der Automobilcluster in Detroit mit einer Viertelmillion Beschäftigten.

Die Größe der Cluster innerhalb der einzelnen Länder ist signifikant unterschiedlich. In Kanada, den Vereinigten Staaten und England lagen die Mediane der Beschäftigtenzahl zwischen 21.000 und 26.000. In Italien, Dänemark, Deutschland, Frankreich aber auch in Indien lagen sie nur bei 5.000 bis 5.500 Beschäftigten. Eine Erklärung für die großen Unterschiede im nationalen Vergleich steht noch aus und bedarf weiterer Forschung. Bei der Interpretation ist auch Vorsicht angebracht, da einige dieser Zahlen nur auf einer sehr geringen Anzahl von Observationen beruhen. Nichtsdestotrotz, zur Zeit muss einfach konstatiert werden, dass Cluster im nationalen Vergleich sehr verschiedene Durchschnittsgrößen aufweisen.

Auch hinsichtlich der Anzahl der Firmen zeigte sich, dass Cluster klein sind. Der Median der Firmenanzahl pro Cluster betrug gerade einmal 150. Die größten Cluster im Sample umfassten allerdings mehr als 9.000 Firmen. Dazu gehörten die Textilcluster in Prato (Italien) und in Ludhiana (Indien) sowie der Blumencluster in den Niederlanden. Die kleinsten Cluster wiesen lediglich drei Firmen auf, wie der Hörgerätecluster in der Schweiz oder der Ionenimplantercluster an der Nordküste in Boston (Massachusetts), der Geräte für die Halbleiterindustrie herstellt. Dieser Cluster ist auch ein gutes Beispiel dafür, wie ein weltführender Cluster völlig unerkannt bleiben kann. Außerhalb der Branche wissen nur ganz wenige um seine Existenz. Dabei hatten seine drei Firmen einen Weltmarktanteil von über 90 Prozent, Hunderte von Beschäftigten an einem Ort, die Dominanz in der Forschung und härtesten Wettbewerb untereinander. Hinzu kommt, dass sich ein Netz von Lieferanten gebildet hatte, so dass man von einem echten Cluster sprechen kann.

Wie zu erwarten, waren die untersuchten Cluster geographisch konzentriert. Mehr als 40 Prozent der Cluster befanden sich innerhalb der Grenzen einer Stadt oder eines geographisch ähnlich eng definierten Gebietes. Nur

13 Prozent erstreckten sich über Landes- oder Staatsgrenzen hinweg. Das bestätigt die These, dass Cluster ein lokales Phänomen sind.

2. Die Wettbewerbsfähigkeit der Cluster

Beim Vergleich der Wettbewerbsfähigkeit der untersuchten Cluster reichten die Extreme auf unserer Skala von weltführend bis wettbewerbsunfähig. Es ist nur normal, dass etwa ein Viertel der Cluster als schwach bis wettbewerbsunfähig zu bezeichnen waren. Bemerkenswert ist hingegen, dass mehr als 10 Prozent der Cluster weltführend auf ihrem Gebiet waren. Ein Drittel der Cluster des Samples gehörte zu den 10 weltstärksten Clustern. Das mag wiederum zum Teil am größeren Interesse über wettbewerbsfähige beziehungsweise weltweit führende Cluster zu schreiben liegen, so dass diese in der Untersuchung stärker repräsentiert sind. Ein weiterer Grund ist jedoch sicherlich, dass Cluster spezialisiert sind und auf spezialisierten Gebieten eher eine Weltführerschaft erreicht werden kann.

Mehr als 40 Prozent der Cluster über die Aussagen zum Alter vorlagen, waren älter als 100 Jahre, fast 20 Prozent davon waren mehr als 200 Jahre alt. Hier zeigt sich, dass Clusterentwicklung nicht über wenige Jahre, sondern oft über Jahrzehnte oder sogar über Jahrhunderte geht. Im ältesten untersuchten Cluster, der bereits 630 n. Chr. gegründet wurde, wurden Kunststoffprodukte in Oyannax, einem kleinen Ort in Frankreich, hergestellt. Zwar gab es zur Zeit seiner Gründung noch keine Kunststoffe, aber es lässt sich eine klare Linie von einst bis heute belegen. Damals hatte der Ort eine Genehmigung von einem lokalen Präfekten bekommen, Holzkämme herzustellen. Im 19. Jahrhundert wurden dann Celluloid-Kämme hergestellt, die später durch Kunststoffkämme und andere Kunststoffprodukte abgelöst wurden. Ende des 20. Jahrhunderts waren dann 600 Firmen und 12.700 Beschäftigte ansässig, die Kunststoffprodukte vor allem im Spritzguss herstellten.

Im nationalen Vergleich weist das Clusteralter sehr starke Unterschiede auf. Der Median des Gründungsjahres in den französischen, englischen, deutschen, Schweizer und italienischen Clustern im Sample befand sich im 18. oder 19. Jahrhundert. In den Vereinigten Staaten, Indien oder Neuseeland hingegen lag der Median des Gründungsjahres im 20. Jahrhundert. Dies hängt mit der wirtschaftlichen Entwicklung dieser Länder zusammen. Zwar sind diese Angaben mit Vorsicht zu betrachten, da sie sich auf nur wenige Observationen abstützen. Es wurde aber deutlich, dass europäische Cluster im Mittel älter sind als nordamerikanische.

Häufig wird die These vertreten, dass Cluster einen typischen Lebenszyklus durchlaufen, in dem Aufstieg, Reife und Niedergang die drei wesentlichen Lebensstufen darstellen. Aus diesem Grund wurde untersucht, ob es einen systematischen Zusammenhang zwischen Clusteralter und Clusterwettbewerbsfähigkeit gibt. Ein solcher Zusammenhang konnte nicht nachgewiesen werden: Ein sehr alter Cluster kann genauso wettbewerbsfähig wie ein junger sein und genauso gibt es junge und alte wettbewerbsunfähige Cluster.

Eine der Hauptfragen zum Cluster ist: Wie funktioniert ein Cluster? Warum sind einige wettbewerbsfähig und andere nicht? Warum werden sie gegründet und warum gerade an diesem Ort? Und warum sehen sich einige schließlich ihrem Niedergang ausgesetzt? Um diese Fragen zu beantworten, wird das Diamanten-Modell von Porter benutzt. Neben den vier Einflussfaktoren für Innovation und Produktivitätswachstum, nämlich Faktorbedingungen, Nachfragebedingungen, verwandte und unterstützende Branchen sowie dem Kontext für Unternehmensstrategien und Wettbewerb (siehe Abbildung 1) gibt es noch einen fünfte Gruppe von „anderen Gründen". Sie beeinflussen die Wettbewerbsfähigkeit aber nur indirekt über die anderen vier Antriebskräfte und umfassen vorwiegend Zufälle sowie verschiedene Einflüsse der öffentlichen Hand.

Mit 43 Prozent der häufigste Grund für die Wettbewerbsfähigkeit in den von uns untersuchten Clustern waren Faktorbedingungen wie spezialisierte Arbeitskräfte oder eine hochentwickelte Infrastruktur. Der mit 25 Prozent zweithäufigste Grund waren lokale Nachfragebedingungen und in je 13 Prozent aller Fälle waren sowohl verwandte wie unterstützende Branchen sowie der Kontext für Firmenstrategie und Wettbewerb die wichtigsten Ursachen für die Wettbewerbsfähigkeit. Nur in 6 Prozent spielten „andere Gründe" wie staatliche Interventionen eine Rolle.

Unterscheidet man zwischen wettbewerbsfähigen und wettbewerbsunfähigen Clustern, dann zeigt sich, dass sich die wettbewerbsfähigen Cluster auf *jeden* der 4 Faktoren des Diamanten-Modells abstützen konnten. Bei den wettbewerbsunfähigen Clustern fiel auf, dass sie nur einen „unvollständigen Diamanten" aufwiesen, in dem harter Wettbewerb als wichtigste Antriebskraft überhaupt nicht vorkam. Andererseits stützten sie sich viel häufiger auf Faktorbedingungen wie niedrige Löhne oder günstigen Zugang zu Rohstoffmärkten. Wettbewerbsschwache Cluster konnten auch viel seltener auf die Präsenz von verwandten und unterstützenden Branchen zurückgreifen. Dafür spielten zufällige und oft weniger nachhaltige Gründe sehr viel öfter eine wichtige Rolle für ihre Wettbewerbsfähigkeit.

Die Untersuchung hat gezeigt, dass Cluster, die ihre Wettbewerbsfähigkeit primär auf Faktorbedingungen oder Nachfragebedingungen abstützen, signifikant weniger wettbewerbsfähig sind, als Cluster, die sich vorrangig auf verwandte und unterstützende Branchen abstützen. Cluster, die ihre

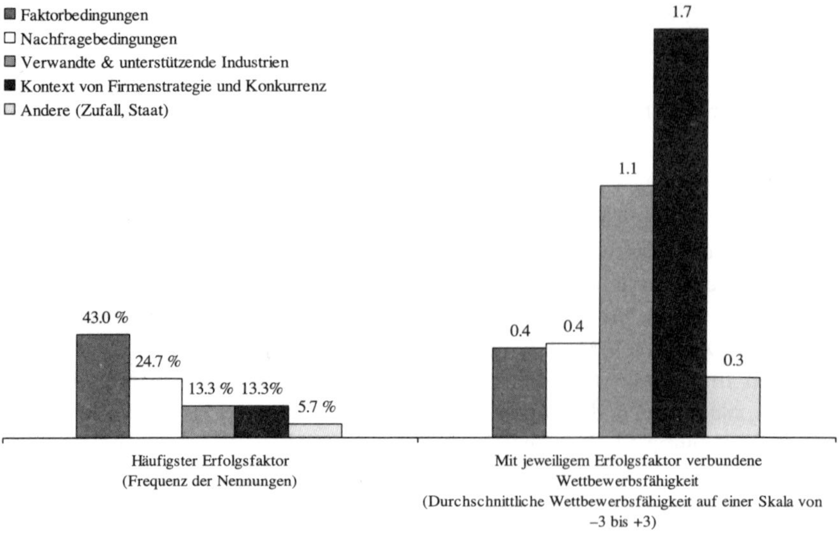

Quelle: Cluster Meta-Study, Institute for Strategy and Competitiveness, Harvard Business School (www.isc.hbs.edu)

Abbildung 4: Häufigste Gründe für die Wettbewerbsfähigkeit von Clustern und damit verbundene Wettbewerbsfähigkeit

Wettbewerbsfähigkeit primär auf den Wettbewerb mit anderen Clusterteilnehmern abstützen, sind bei weitem am wettbewerbsfähigsten. Jene Cluster hingegen, die ihren Erfolg primär auf „zufällige Einflüsse" oder auf die öffentliche Hand abstützten, waren am wenigsten wettbewerbsfähig (siehe Abbildung 4).

Damit drängt sich folgende Schlussfolgerung auf: Faktorbedingungen sind zwar der häufigste Erfolgsfaktor, sie sind aber auch mit recht niedriger Wettbewerbsfähigkeit verbunden. Wettbewerb ist dagegen nur für sehr wenige Cluster der wichtigste Grund ihrer Wettbewerbsfähigkeit, aber diejenigen Cluster, die sich primär auf Wettbewerb abstützen, werden mit der höchsten Wettbewerbsfähigkeit belohnt.

IV. Clusterentstehung und Clusterförderung

Der wichtigste Grund für das Entstehen von Clustern sind Faktorbedingungen. In 40 Prozent aller Fälle führte die lokale Existenz von vorteilhaften Faktorbedingungen wie beispielsweise verfügbaren Rohstoffen oder die Präsenz ausgebildeter Arbeitskräfte zur Gründung eines Clusters. Mit 27

Prozent der nächst wichtige Anlass waren vorrangig „zufällige Gründe" und – weniger bedeutsam – staatliche Einflüsse. Zufälle bedeuten in diesem Kontext beispielsweise Erfindungen oder die Ansiedlung eines großen Unternehmens welches andere nach sich zog. Zufälle können also sehr wohl zur Gründung von Clustern führen. Dic Firmen des Clusters müssen aber dann recht schnell die Grundlagen ihrer Wettbewerbsfähigkeit auf andere Faktoren abstützen, wenn sie dauerhaft wettbewerbsfähig bleiben wollen.

Die Bedeutung staatlichen Einflusses bei der Bildung von Clustern scheint sehr gering zu sein. Von den über 800 Clustern des Samples war lediglich einer auf Grund staatlicher Initiative gegründet worden und zum Zeitpunkt der Untersuchung noch wettbewerbsfähig. Darüber hinaus waren weitere 40 Cluster auf Grund „staatlichen Einflusses" gegründet worden. Dabei handelte es sich allerdings meist um wirtschaftliche Aktivitäten, die auf Grund von Kriegen oder Vertreibungen in ein anderes Land verlegt wurden und dort die Bildung eines Clusters auslösten. Der staatliche Einfluss beschränkte sich in diesen Fällen also auf die *Vertreibung* von Firmen!

Der dritt- bzw. viertwichtigste Grund für Clustergründungen waren lokale Nachfragebedingungen (19 Prozent) oder das Vorhandensein von verwandten oder unterstützenden Branchen (15 Prozent). Cluster werden natürlich nicht aufgrund des Kontextes für Strategien und Wettbewerb gegründet, da es zu Beginn ja keine Firmen gibt, die einen solchen Kontext bilden könnten. Darum spielt dieser Einflussfaktor keine Rolle bei der Entstehung von Clustern.

Clusterentwicklung ist ein ausgesprochen langsamer Prozess. Viele Cluster sind bereits mehrere Hundert Jahre alt. Sogar ein gemeinhin als jung angesehener Cluster wie der Biotech- und Pharmacluster in San Diego kann auf eine schon fast 50-jährige Geschichte zurückblicken, denn vor 50 Jahren wurden die Grundlagen für seine Wettbewerbsfähigkeit gelegt. Für eine staatliche Clusterpolitik bedeutet dies, dass sie einen sehr langen Atem haben muss. Die Entwicklung regionaler und lokaler Volkswirtschaften braucht Jahrzehnte und kann nicht einfach von einer Legislaturperiode zur anderen gemanagt und gemessen werden. Entscheidend ist, dass erfolgreiche Regionen in der Lage sind, ganz spezielle Kombinationen von Faktoren zu schaffen und zu nutzen. Das erlaubt ihnen den Aufbau von spezialisierten Clustern, die von konkurrierenden Standorten häufig gar nicht erst imitiert werden können.

Um eine solche Entwicklung effektiv voranzubringen, kann eine schlüssige staatliche Strategie hilfreich sein. Dabei, und dies ist einfach eine unabdingbare Grundlage, muss sich der Staat erst um die makroökonomischen Bedingungen kümmern und beständige und berechenbare Rahmenbedingungen schaffen. Des Weiteren muss er mikroökonomische Bedingungen wie die Verfügbarkeit, Qualität und Effizienz von Produktionsfaktoren, Infrastrukturen und Institutionen verbessern sowie für die Schaffung von Wettbewerbsanreizen sorgen. Dies sind die Grundlagen. Erst wenn diese geschaffen sind, kann der komplexe Prozess der Clusterentwicklung und Clusterförderung beginnen. Notwendig dazu ist die Schaffung eines handlungsorientierten und langfristigen Prozesses, der Regierungsstellen, Firmen, Institutionen und Bürger mobilisiert.

Je nach Regierungsebene – national, regional oder lokal – fallen dem Staat bei der Clusterentwicklung verschiedene Rollen zu. So müssen hinsichtlich der Faktorbedingungen auf Bundesebene vorteilhafte und stabile Kapitalmarktbedingungen geschaffen werden. Auf Länderebene hingegen ist die Schaffung und Aufwertung des Bildungssystems sicherzustellen und lokale Behörden müssen sich um die Schaffung und Verbesserung clusterspezifischer Infrastrukturen kümmern.

Clusterspezifische Entwicklung findet primär auf der regionalen und lokalen Ebene statt. Für jede Facette des Diamanten-Modells gibt es dabei spezielle Aufgaben wie zum Beispiel:

- Faktorbedingungen: Aufbau von spezialisierten Ausbildungs- und universitären Forschungsprogrammen, Zusammenstellung von clusterspezifischen Informationen sowie Verbesserung von Infrastrukturen.
- Nachfragebedingungen: Förderung von unabhängigen Prüf-, Zulassungs- und Ratingverfahren für die Produkte und Dienstleistungen des Clusters sowie Funktion des anspruchsvollen und innovationsfördernden Abnehmers von Clusterprodukten.
- Unterstützende und verwandte Branchen: Förderung von Informations- und Kontaktforen, Anwerbung von clusterspezifischen Zulieferern und Dienstleistern sowie Errichtung von clusterspezifischen Freihandelszonen, Industrie- oder Zulieferparks.
- Strategie und Wettbewerb: Beseitigung von Wettbewerbsbeschränkungen, Förderung ausländischer Investoren und Konzentration der Exportförderung auf Cluster sowie Anordnung relevanter Regierungsabteilungen um Cluster.

Clusterentwicklung hat nichts mit Sektorenförderung zu tun und ist auch kein neuer Name für Industriepolitik. Im Gegenteil: Industriepolitik zielt darauf ab, zukünftige Gewinner zu identifizieren und zu fördern. Meistens werden dabei heimische Firmen abgeschirmt und geschützt und der Wettbewerb durch Subventionen und andere Formen staatlicher Interventionen gestört. Industriepolitik verzerrt und behindert den Wettbewerb.

Bei der clusterbasierten Wirtschaftsförderung geht es dagegen um die Förderung von Produktivität in allen vorhandenen Feldern: Clusterentwicklung ist umfassend. Sie kann alle Teile einer Volkswirtschaft fördern und betrifft sowohl heimische als auch ausländische Unternehmen. Cluster helfen beim Aufbau eines Wettbewerbsumfeldes, das produktiv ist. Cluster sind ein Magnet für Leute mit den entsprechenden Qualifikationen, sie sind ein guter Ort für Zulieferer und für spezialisierte Forschungseinrichtungen. Anstatt den Wettbewerb zu verzerren, verstärken Cluster den Wettbewerb für alle Parteien.

Formelle und informelle unterstützende Institutionen können bei der Clusterentwicklung ein neutrales Begegnungsfeld zwischen Staat und Firmen sein und erhebliche Hebelwirkungen zur Verbesserung des Clusterumfeldes leisten. Allgemeine unterstützende Institutionen sind Wirtschaftskammern, Standeseinrichtungen, schulische Netzwerke, universitäre Partnereinrichtungen, religiöse Netzwerke, öffentliche und private Beratungsforen sowie Wettbewerbsfähigkeitsräte. Clusterspezifische Institutionen sind Branchenverbände, spezialisierte Branchengesellschaften, Ehemaligenverbände von Kernunternehmen des Clusters sowie Inkubatoren.

Nicht nur für die betroffene Region, sondern auch für das einzelne Unternehmen, haben Cluster eine große Bedeutung. Wettbewerbsvorteile sind nämlich nicht nur innerhalb des Unternehmens zu finden, wo sie durch die klassische Firmenphilosophie geschaffen und beeinflusst werden können. Stattdessen finden sie sich heute in großem Maße außerhalb von Unternehmen in deren unmittelbarer, regionaler Umgebung. Ein Unternehmen, das Teil eines starken und funktionierenden Clusters ist, hat eine viel bessere Chance sich durchzusetzen als ein isoliertes Unternehmen in einer fremden Umgebung ohne schnellen und informellen Zugang zu Wissen, ohne die Vorteile von trainierten und spezialisierten Arbeitskräften, ohne Wettbewerber vor Ort, die es ständig zu neuer Innovation zwingen und ohne eine anspruchsvolle örtliche Nachfrage, die nach immer besseren und innovativen Produkten drängt.

Aus Angst vor noch mehr Wettbewerb, vor Mitarbeiterverlust durch Spinoffs oder an andere Mitbewerber, oder dem Verlust von Wissen an andere Mitbewerber und damit noch höheren Kosten am Standort reagieren Firmen auf Clusterkonzepte häufig zuerst einmal negativ. Nach einiger Reflexion stellen sie dann doch fest, dass Cluster viele Vorteile bieten. Zudem sind viele Clusterteilnehmer keine direkten Wettbewerber, da sie eher in vertikaler Zulieferbeziehung zueinander stehen als im horizontalen Wettbewerb.

Wenn Firmen verstehen, dass ihr Cluster ihnen Chancen bietet und kollektive Vorteile verschaffen kann und damit keine Bedrohung, sondern vielmehr eine Chance ist, so lassen sie sich auch eher dazu bewegen, eine aktive Rolle bei der Aufwertung der lokalen Infrastruktur zu spielen.

Beispiele privater Einflussnahme auf Clusterentwicklung sind:

- Gemeinsames Marketing auf Messen usw.,
- Exportförderung in Zusammenarbeit mit staatlichen Stellen,
- Schaffung von Verzeichnissen der Clustermitglieder,
- Schaffung von spezialisierten Lehrplänen in Zusammenarbeit mit Berufsbildungsschulen und Universitäten,
- Unterstützung von spezialisierten Forschungseinrichtungen,
- Zusammenstellung von Clusterinformationen durch Branchenverbände,
- Pflege enger Beziehungen zu spezialisierten Infrastrukturanbietern,
- Gründung eines Wirtschaftsverbandes für den Cluster,
- Förderung des Aufbaus lokaler Zulieferbranchen oder
- Zusammenarbeit mit staatlichen Stellen, um Hemmnisse bei der Clusterentwicklung abzubauen.

Bei eigenen Ansiedlungsentscheidungen sollten Firmen auch immer ihren Cluster im Auge behalten. Das heißt zum Beispiel, dass unternehmenskritische Aktivitäten wie Forschung und Entwicklung im Normalfall nicht außerhalb des Clusters angesiedelt werden sollten, da dies zu einer Schwächung des Clusters führen kann.

V. Fazit

Clusterentwicklung ist langsam und die Zeitspanne zwischen Clusterentwicklungsmaßnahmen und sichtbaren Ereignissen und Ergebnissen ist oft lang. Bildhaft gesprochen, bedeutet dies, dass Clusterentwicklung und die Verbesserung von Wettbewerbsfähigkeit kein Sprint, sondern ein Marathon ist. Der Erfolg misst sich denn auch nicht am schnellen Start, sondern an der Fähigkeit den anfänglich gewonnenen Schwung zu behalten. Politik und politisch orientierte Maßnahmen hingegen sind oft kurzfristig orientiert. Potentiell besteht somit immer ein Konflikt zwischen Politik und Clusterentwicklung. Für Clusterinitiativen kann dies eigentlich nur heißen, dass langfristig die Akteure aus der Wirtschaft und dem Cluster kommen müssen. Die Politik hingegen darf nur erste Anstöße geben, sollte sich dann aber im Hintergrund halten und vor allem gute Rahmenbedingungen gewährleisten.

Literatur

Cairncross, Frances (1997): „The Death of Distance – How the Communications Revolution Will Change Our Lives“, Havard Business School, October 1997

Krugman, Paul (1991): Geography and Trade. Cambridge/MA: MIT-Press

Marshall, Alfred (1982) [1890]: Principles of Economics. Reprint of the eighth edition 1920. Philadelphia: Porcupine Press

McKinsey Company (2002): McK Wissen 01: Cluster. Titelseite, Hamburg

Piore, Michael J./*Sabel,* Charles F. (1984): The Second Industrial Divide. Possibilities for Prosperity. Basic, New York

Porter, Michael E. (1990): The Competitive Advantage of Nations, New York, The Free Press. Deutsch: Nationale Wettbewerbsvorteile. Droemer Knaur, München 1991

– (1998): Clusters and the New Competitive Agenda for Companies and Governments. In: On Competition. Harvard Business School Press, Boston. Deutsch: Cluster und Wettbewerb: Neue Aufgaben für Unternehmen, Politik und Institutionen. In: Wettbewerb und Strategie. Econ, München 1999

– (2000a): The Current Competitiveness Index: Measuring the Microeconomic Foundations of Prosperity Competitiveness. In: The Global Competitiveness Report 2000, Oxford University Press, New York

– (2000b): Location, Competition and Economic Development: Local Clusters in a global Economy. In: Economic Development Quarterly, February 2000, 15–35

– (2000c): Locations, Clusters and Company Strategy. In: Clark, G.L.; Feldmann, M.P.; Gertler, M.S. (eds): The Oxford Handbook of Economic Geography. Oxford University Press, New York

van der Linde, Claas (1992): Deutsche Wettbewerbsvorteile. Econ, Düsseldorf, New York

– (2003): The Demography of Clusters – Findings from the Cluster Meta-Study. In: Bröcker, J., D. Dohse and R. Soltwedel (eds.) Innovation Clusters and Interregional Competition. Berlin/Heidelberg/New York: Springer-Verlag, Berlin/Heidelberg/New York 2003, p. 130–149

Regionale Cluster als soziale Innovationssysteme

Wandel der Arbeit und die wachsende Bedeutung der Cluster-Perspektive

Von Oleg Cernavin

Regionale Cluster sind ein Erfolgskonzept für Wirtschaft und Arbeit. Diesen Eindruck könnte derjenige gewinnen, der in den letzten Jahren populäre wirtschaftliche Fachpublikationen (vgl. zum Beispiel McK 2002) aber auch wissenschaftliche Publikationen (vgl. u.a. Dybe et al. 2000; Hirsch-Kreinsen et al. 2000) betrachtet. In diesen Diskussionen wird der Begriff Cluster implizit allerdings mit sehr unterschiedlichen Bedeutungen belegt und für die unterschiedlichsten Lösungsansätze verwendet.

I. Regionale Cluster – Modewort oder konzeptionell nützlicher Begriff?

Bei allen Diskursen um regionale Cluster geht es in der Regel darum, für die unübersichtlichen und komplexen globalen Prozesse des Wandels von Arbeit und Technologie brauchbare und tragfähige Entscheidungs- und Handlungskonzepte zu entwickeln. Arbeitsgestalter, Wirtschaftsförderer und Regionalentwickler stehen vor der Aufgabe für die aufbrechenden Strukturen in Wirtschaft und Arbeit tragfähige neue Orientierungs- und Entscheidungsmuster zu finden. Da wird schnell zu vielen Begriffen und Konzepten gegriffen, die eine sofort greifende neue Lösung versprechen. Dazu gehört auch der Begriff und das Konzept des wirtschaftlichen Clusters, der – zumindest in Fachkreisen – ein Modebegriff zu sein scheint.

Es wäre allerdings schade, wenn dieser Begriff die gleiche schnelle Lebensdauer hätte wie viele andere Modebegriffe. Der Begriff wirtschaftliches Cluster ist für Prozesse aus Wirtschaft und Arbeit hilfreich. Gerade unter den Bedingungen des fundamentalen Wandels von Technologien und Arbeitsformen sowie den damit verbundenen qualitativ neuen Wertschöpfungsprozessen eröffnet dieser Begriff eine konzeptionelle Perspektive, die in regionalen Handlungsstrukturen wirtschaftliche Potenziale fördern hilft.

Um nachhaltige Konzepte in der Phase des Umbruchs von Technologien und Arbeit entwickeln zu können, benötigen wir auch begrifflich Perspektiven, die diese Konzepte langfristig mit Orientierungsmustern füllen können. Der Begriff regionales Cluster besitzt diese begriffliche Perspektive. Deswegen möchten wir mit dazu beitragen, diesen Begriff aus arbeitswissenschaftlicher Perspektive zu schärfen, um ihn nicht als Modeerscheinung in unserer – auch wissenschaftlich – schnelllebigen Medienwelt verkommen zu lassen. Dazu reicht es nicht aus, ihn sauber zu definieren, sondern notwendig ist auch, seinen sinnhaften Bezug für Arbeitsgestaltung und Wirtschaftsentwicklung in Regionen zu erkennen.

In der Diskussion um regionale Handlungspotenziale fließt das Verständnis der Begriffe Netzwerk und Cluster häufig zusammen und mitunter werden beide Begriffe synonym verwendet. Die tatsächlichen Potenziale von Clustern werden durch den Begriff Netzwerk – verstanden als Produktions- bzw. Dienstleistungsnetzwerk mir dem Ziel der *Realisierung von konkreten gemeinsamen Produkten und Dienstleistungen* – nicht beschrieben (vgl. Kapitel II. dieses Beitrages).

Der Begriff regionales Cluster orientiert auf die Qualitäten, die in sozialen Beziehungen entstehen können mit ihren sozialen Entscheidungsmustern (Normen, Werte, Handlungsprogramme, kulturelle Codes, implizite und explizite Wissensvorräte) in einem begrenzten wirtschaftlichen Handlungszusammenhang. Der Begriff Netzwerk beschreibt die Realisierung eines gemeinsamen konkreten Produktes kooperierender Partner. Der Begriff regionales Cluster beschreibt die expliziten und impliziten sozialen Potenziale von Akteuren eines Produktionsbereiches inklusive der Synergien *und* Konkurrenzbeziehungen in einer Region.

Auf der Ebene der internen Unternehmensorganisation befassen sich die Akteure schon seit geraumer Zeit damit, die Qualität der sozialen Beziehungen und der sozialen Entscheidungsprogramme als Produktivitätsfaktor zu betrachten und sie wirtschaftlich sowie human zu gestalten. Für die Gestaltung von Arbeitsaufgaben, Arbeitsumgebung, Arbeitsmitteln oder Organisationsformen *im* Unternehmen wurden allein in den großen nationalen Förderprogrammen in Deutschland wie „Humanisierung der Arbeitswelt“, „Arbeit und Technik“ oder heute „Innovative Arbeitsgestaltung“ Handlungsbedingungen umfassend analysiert und dargestellt sowie vielfältige Instrumente entwickelt. Auf der Unternehmensebene finden sich sehr viele Konzepte, Entscheidungsmuster und Hilfsmittel zur Gestaltung von lernenden Organisationen, fraktalen Strukturen, humanen und sozialen Ressourcen oder Unternehmenskulturen.

Doch seit geraumer Zeit beginnt die Arbeit die strukturellen Grenzen eines Unternehmens zu verlassen. Arbeitsprozesse „verflüchtigen“ sich zunehmend in das regionale oder globale Umfeld der Unternehmen. In dem Maße, in dem Arbeit aber den Raum des Unternehmens in einer zunehmend wissensgenerierten Wertschöpfung verlässt, stehen Arbeitsgestalter vor einem gewissen Dilemma. Wie Arbeit im Unternehmen zu gestalten ist, ist weitgehend bekannt – aber wie ist Arbeit im regionalen Raum zu gestalten?

Das arbeitende Klientel verlässt den vertrauten Raum des Unternehmens. Für diese neue Situation gibt es bisher kaum arbeitswissenschaftlich fundierte Erkenntnisse und erst recht keine Instrumente[1].

Mit diesem Beitrag wollen wir uns mit der Gestaltung der sozialen Arbeitsprozesse in der Region aus der Perspektive der Arbeitsgestaltung befassen. In diesem Zusammenhang ist der Begriff des regionalen Clusters für uns ein hilfreicher Begriff, da er die Perspektive auf die spezifische Qualität der sozialen Beziehungen sowie der impliziten sozialen Entscheidungsmuster eines Produktions- beziehungsweise Dienstleistungsbereiches in einem begrenzten regionalen Rahmen lenkt, der über das einzelne Unternehmen hinausgeht.

Unsere These lautet: Durch den fundamentalen globalen Wandel von Technologie und Arbeit gewinnen regionale Cluster an Bedeutung für die Gestaltung erfolgreicher Wertschöpfungsprozesse. Die Perspektive des regionalen Clusters orientiert Arbeitsgestaltung und Regionalökonomie auf wesentliche Stellschrauben von neuen Wertschöpfungsprozessen und regionaler Wirtschaftsentwicklungen.

Diese These werden wir im Folgenden diskutieren. Wir werden zunächst die Potenziale des Begriffs regionale Cluster analysieren (Kapitel II.), dann die zunehmende Bedeutung von regionalen Clustern durch den Wandel von Technologien und Arbeit skizzieren (Kapitel III.) und schließlich Rückschlüsse auf eine mögliche Operationalisierung der Cluster-Perspektive für Arbeitsgestaltung und Regionalentwicklung darstellen.

II. Regionales Cluster als innovatives soziales System

Worin liegt das Potenzial des Begriffs regionale Cluster? In unserer Begriffsdiskussion gehen wir zunächst von einem Cluster-Verständnis aus, wie es Porter in den achtziger Jahren abgeleitet (vgl. Porter 1986, Porter 1993) hat und das ständig weiter entwickelt wurde: „Bei einem Cluster handelt es sich um eine geographische Konzentration von Unternehmen, spezialisier-

[1] Der skizzierte Prozess macht neue Schnittmengen sichtbar zwischen der Gestaltung von humanen und produktiven Arbeitsprozessen in der Region als Aufgabe der Arbeitswissenschaft und der Gestaltung von wirtschaftlichen Prozessen in der Region als Aufgabe der Regionalökonomie. Arbeits- und Regionalgestaltung wachsen offensichtlich unter den Wertschöpfungs-Bedingungen der wissensgenerierten Produktion und der wissensintensiven Dienstleistungen zunehmend zusammen beziehungsweise die Schnittmengen werden größer.

ten Lieferanten, Dienstleistungsanbietern, Unternehmen in verwandten Branchen und verbundenen Institutionen (zum Beispiel Universitäten, Normungsinstitute und Wirtschaftsverbände), die in bestimmten Feldern untereinander verbunden sind und gleichzeitig konkurrieren und kooperieren. ... Die Existenz von Clustern zeigt, dass Wettbewerbsvorteile nicht unbedingt in einem Unternehmen oder einer Branche angesiedelt sind, sondern vom Standort seiner Geschäftseinheiten abhängt." (Porter 1999a, S. 207 f.). Und weiter beschrieb Porter: „Die Produktivität und Prosperität eines Standortes hängt nicht von den Branchen ab, in denen die Unternehmen konkurrieren, sondern davon *wie* sie konkurrieren. ... Die Differenzierung und Produktivität, mit der ein Unternehmen an einem gegebenen Ort konkurriert, hängt von der *Qualität des wirtschaftlichen Umfeldes* ab." (ebenda, S. 221 f.). „Voraussetzung für den Schritt zu einem hochentwickelten Wirtschaftsraum ist eine intensive lokale Rivalität." (ebenda, S. 224). Ein Cluster kann also als ein System untereinander verknüpfter Unternehmen und Einrichtungen definiert werden, dessen Gesamtwert größer ist als der Wert der Summe der einzelnen Teile. (ebenda, S. 225).

Zunächst einmal fällt bei diesen Darstellungen Porters auf, dass Porter anders als viele deutsche Diskutanten seinen Clusterbegriff ausschließlich ökonomisch ableitet. Es geht ihm um die Wettbewerbsfähigkeit von Unternehmen. Fragen der sozialen oder ökologischen Nachhaltigkeit spielen kaum eine Rolle. In der deutschen Diskussion werden soziale Systeme wie Unternehmen und Regionen (wenn Regionen auch als sehr lose gekoppelte soziale Systeme zu betrachten sind) nicht ausschließlich unter ökonomischen Aspekten gesehen. Viele Arbeitswissenschaftler stellen beispielsweise Aspekte der humanen innovativen Arbeitsgestaltung stärker in den Vordergrund oder viele Regionalökonomen verweisen beispielsweise stärker auf ökologisch nachhaltige Entwicklungen. Porter kommt zwar wie Arbeitswissenschaftler und Regionalökonomen hierzulande zu ganz ähnlichen Ergebnissen und Handlungsempfehlungen, trotzdem möchten wir auf diese unterschiedlichen Perspektiven hinweisen, da hinter diesen teilweise unterschiedlichen Perspektiven auch ein produktiver Aspekt liegt, auf den wir später noch eingehen werden.

Das Spezifische des Porterschen Verständnisses eines Cluster liegt vor allem in den folgenden Aspekten:

- In der spezifischen Konstellation von Konkurrenten eines Leistungs- und Produktionsbereiches, in Verbindung mit Zulieferern und nichtwirtschaftlich handelnden Akteuren, die aber für den Erfolg der wirtschaftlichen Akteure wesentlich sind (siehe Kapitel II.1.)
- In der spezifischen expliziten und impliziten Form der sozialen Beziehungen und Kommunikationen dieser Akteure, mit einer zusätzlich eige-

nen Qualität in einem begrenzten Raum (Standort). Dadurch entstehen soziale Ressourcen, auf die ein Akteur ohne die Clusterkonstellation nicht zurückgreifen könnte, die aber auch unabhängig vom einzelnen Akteur wirken und eine eigene Qualität bilden. (siehe Kapitel II.2.).

1. Die spezifische Konstellation der unterschiedlichen Akteure in einem Cluster

Um die spezifische Konstellation der unterschiedlichen Akteure in einem Cluster erkennen zu können, nehmen wir zunächst einmal eine Systematisierung der unterschiedlichen Akteure eines Clusters vor. Zu einem Cluster gehören Akteure auf folgenden unterschiedlichen Dimensionen (in Anlehnung an Malmberg et al. 2001) (Abbildung 1):

- Akteure einer horizontaler Dimension – die Schlüsselakteure des Clusterkerns [genauer beschrieben in Kapitel II.1.a)],
- Akteure einer vertikalen Dimension – die Akteure der direkten Infrastruktur des Clusterkerns (Produktzulieferer, spezielle Primär- und Sekundär-Dienstleister) [genauer beschrieben in Kapitel II.1.b)],
- Akteure einer Umfeld-Dimension – Akteure der indirekten Infrastruktur des Clusterkerns [genauer beschrieben in Kapitel II.1.c)].

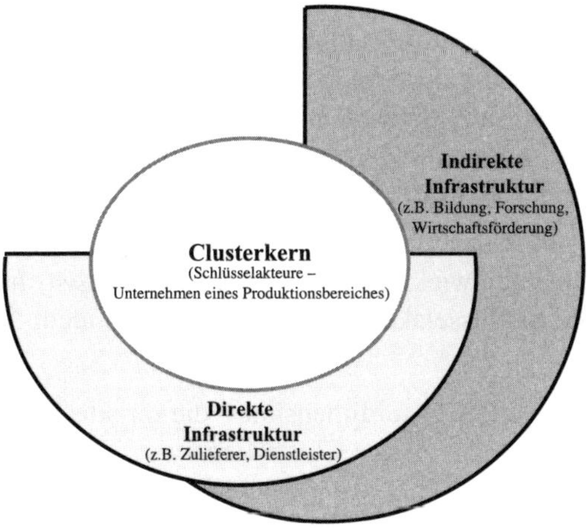

Abbildung 1: Cluster-Ebenen

a) Die horizontale Clusterdimension – Clusterkern mit Schlüsselakteuren

Zunächst einmal besitzt jedes Cluster einen *Clusterkern von Schlüsselakteuren* an einem Standort. Die Schlüsselakteure eines Clusters sind Unternehmen eines Produktions- beziehungsweise Dienstleistungsbereiches. Diese Unternehmen sind Konkurrenten, die miteinander in Wettbewerb stehen. Es mag zwischen diesen Konkurrenten Kooperationen auf den unterschiedlichsten Ebenen geben (zum Beispiel strategische Allianzen, Produkt-/Leistungskooperationen, Entwicklungskooperationen, gemeinsame Arbeitsmittelpools). Das ändert aber nichts daran, dass sie im wesentlichen Kern Ihrer Entscheidungen Konkurrenten bleiben.

Nach diesem Verständnis ist ein Cluster beispielsweise *kein* Großunternehmen, dass ein enges Netzwerk von Zulieferern und Kontraktoren besitzt. Unterschiedliche Zulieferer dieses Großkonzerns aus einem Produktionsbereich dagegen können durchaus ein Cluster in einem Standort bilden: sie stehen in Konkurrenz untereinander mögen auch bei dem einen oder anderen Produkt kooperieren. Dafür gibt es eine Reihe von Beispielen. So produzieren beispielsweise Automobilzulieferer von Autositzen nicht mehr wie früher nur für einen Konzern in der Region, sondern beliefern national oder global viele unterschiedliche Hersteller mit ihren Produkten.

Ein Clusterkern von mehreren konkurrierenden Schlüsselakteuren an einem Standort ist Voraussetzung für die Bildung eines Clusters mit seinen spezifischen Wettbewerbsvorteilen. Dabei spielt es keine Rolle, ob die Akteure im nationalen oder globalen Markt agieren oder ob sie im regionalen Markt ihre Kunden finden (Abbildung 2). Alle Betriebstypen (national manufacturer, home based player, global sourcer oder global player – vgl. Dreher et al. 2000), die auf regionalen Vorleistungen basieren, können als regionale Cluster gesehen werden. Was sie im regionalen Cluster verbindet, ist die Erstellung der gleichen Produkte oder Leistungen und der Standort.

Die Akteure des Clusterkerns sind immer die Motoren eines Clusters. Wer sich mit Clusterentwicklung und -gestaltung gefasst, hat also zunächst immer einmal die Schlüsselakteure eines Clusters zu identifizieren.

b) Die vertikale Clusterdimension – die direkte Infrastruktur des Clusterkerns

Neben dem Clusterkern mit seinen Schlüsselakteuren gehören die *Akteure der direkten Produktions-/Leistungs-Infrastruktur* zu einem regionalen Cluster. Ohne diese Zulieferer könnten die Schlüsselakteure eines Clusters nicht existieren. Zu den Akteuren der direkten Infrastruktur gehören beispielsweise

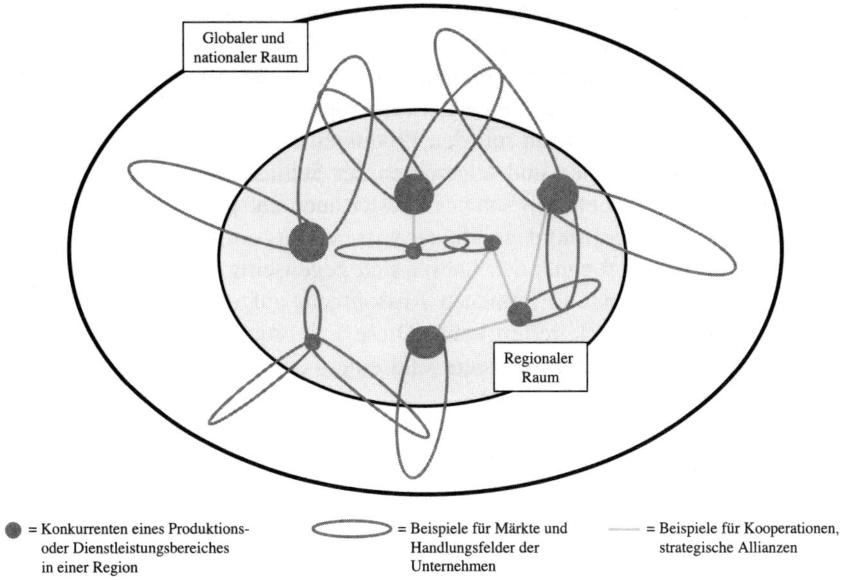

Abbildung 2: Clusterkern = Unternehmen eines Schlüsselbereiches

- *Produkt-Zulieferer* für Teile der Produktion (zum Beispiel Zulieferer bestimmter technischer Komponenten, oder Zulieferer bestimmter Materialkomponenten oder Verarbeitungsstoffe).
- *Spezielle Primär-Dienstleister,* die zur Leistungs- bzw. Produkterstellung der Schlüsselakteure des Clusterkerns direkt erforderlich sind (zum Beispiel Grafiker für Verlage, Studios für Medienunternehmen, einzelne Programmierer (free-lancer) für IT-Unternehmen).
- *Spezielle Sekundär-Dienstleister,* die zur Distribution und Absicherung der Produkte und Leistungen der Schlüsselakteure des Clusterkerns notwendig sind (wie zum Beispiel Rechtsexperten für die spezifischen Verträge, Lizenzen und Patente der Clusterunternehmen, Agenturen für Marketing der Produkte und Leistungen, Spediteure mit speziellem Kenntnissen und Arbeitsmitteln oder sicherheitstechnische Berater, die die speziellen Bedingungen der Arbeitsgestaltung der Clusterunternehmen kennen).

Diese Akteure der direkten Infrastruktur sichern die Produktions- und Leistungsabläufe der Unternehmen des Clusterkerns mit ab. Sie beliefern auch Konkurrenten der Kernbereiche am Standort. Im Laufe der Entwicklung eines Clusters entstehen eine Vielzahl von speziellen Unternehmen und Dienstleistern der direkten Infrastruktur, die die Auswahloptionen der Schlüsselakteure eines Clusters verbessern. Zum Beispiel profitiert ein Cluster von Multimedia-Unternehmen von eine große Anzahl von spezialisierten Softwarefirmen oder Free-Lancer-Programmierern am Ort, die Erfahrungen und Kompetenzen mit den Produkten des Clusters haben und die die Kundenanforderungen und -eigenarten der Schlüsselakteure des Clusters kennen. Umgekehrt zieht ein solches Cluster auch entsprechende Dienstleister der direkten Infrastruktur an, da sie wissen, dass an diesem Standort mit mehr Aufträgen zur rechnen ist. Dieser sich gegenseitig bedingende Prozess erhöht die fachlichen und humanen Ressourcen, auf die ein Unternehmen des Clusterkerns zurückgreifen kann. Diese Faktorqualität der Akteure der direkten Infrastruktur eines Clusters sind eine wesentliche Quelle für standortbezogene Wettbewerbsvorteile.

c) Die Umfeld Clusterdimension – die indirekte Infrastruktur des Clusters

Die Institutionen und Akteure der indirekten Infrastruktur eines Clusters sind nicht zur unmittelbaren Wertschöpfung und zur Produkt- beziehungsweise Leistungsrealisierung der Schlüsselakteure eines Clusters erforderlich – sie können sie aber fördern oder hemmen. Diese Institutionen und Akteure bilden ein eher aktivierendes oder auch hemmendes Umfeld des Clusters. Zu den Institutionen und Akteure der indirekten Infrastruktur gehören unter anderem:

- Institutionen und Akteure zur Aus- und Weiterbildung spezifischer Fähigkeiten, die im Produktions- und Leistungsprozess des Clusterkerns oder der direkten Infrastruktur benötigt werden.
- Universitäre oder private Forschung zu Technologien, Verfahren oder Abläufen, die für die Wertschöpfung und Innovationen der Unternehmen des Clusterkerns Bedeutung haben.
- Clusterspezifische Bibliotheken, Datenbanken oder ähnliche Datenpools, die die Wissensgenerierung beschleunigen und erleichtern.
- Programme der Wirtschaftsförderung, um spezifische Aktivitäten im Cluster zu unterstützen beziehungsweise um für das Cluster wichtige Lieferanten und Dienstleister aufmerksam zu machen.
- Akteure in staatlichen oder halbstaatlichen Einrichtungen, die die notwendigen Prüfungen, Zulassungen, Genehmigungen, Bewertungsverfahren, Zertifizierungen usw. mit Kenntnis der spezifischen Abläufe im Cluster unbürokratisch realisieren.
- Spezifische Orte der Kommunikation für die Clusterakteure am Standort in Kammern, Fachvereinigungen, regionalen Treffpunkten oder Zentren.

Über die Bedeutung der Akteure der indirekten Infrastruktur eines Clusters gehen die Meinungen weit auseinander. Unbestritten scheint, dass die Umfeldbedingungen in der Region, die sozialen Kontexte und die Qualität der weichen Standortfaktoren zunehmend wichtiger werden für Standortentscheidungen und innovative Prozesse, die die Wettbewerbsfähigkeit fördern (vgl. Barthelt et al. 2002, S. 144 ff.; Grabow et al. 1995; Hochwaldt 2001). Gleichzeit wurde aber auch festgestellt, dass diese indirekten Infrastruktureinrichtungen nur bedingt Wirkung auf Innovationsprozesse besitzen. Eine Reihe von Untersuchungen kommen beispielsweise zu dem Ergebnis, dass regionale Forschungseinrichtungen oder Technologieparks nicht zwangsläufig positiv auf den Innovationsprozess in der Region wirken (vgl. u.a. Schamp 2000a, Sternberg 1996). So realisieren zum Beispiel viele Unternehmen ihre externen Innovationsprozesse mit nationalen oder internationalen Forschungseinrichtungen und nicht mit örtlichen Einrichtungen (vgl. u.a., Fritsch 2000).

Die Beziehungen der Akteure der indirekten Infrastruktur eines Clusters sind offenbar kaum steuerbar. Es bestehen keine linearen und monokausalen, einfach planbaren Beziehung und Wirkmuster zwischen den Akteuren der indirekten Infrastruktur des regionalen Umfeldes zu den Schlüsselakteuren und den Akteuren der direkten Infrastruktur eines Clusters.

Die Akteure des Clusterkerns und der direkten Infrastruktur des Clusters organisieren sich selbst und haben in erster Linie die Probleme des wirtschaftlichen Erfolges ihrer Unternehmen im Blick. Dies gilt vor allem für kleine und mittelständische Unternehmen. Ihr selbstreferentielles Entscheidungs- und Handlungsfeld ist fast ausschließlich ihr jeweils spezifischer regionaler, nationaler oder globaler Markt. Sie müssen wirtschaftlich überleben und haben kaum bewusste Ressourcen frei für die regionalen Umfeldbedingungen ihrer Entscheidungen. Die regionalen Umfeldbedingungen werden zwar offensichtlich immer wichtiger für die Wettbewerbsfähigkeit dieser Unternehmen, gleichzeitig können diese Unternehmen aber selbst in ihren bewussten Entscheidungen wegen des Wettbewerbsdruckes kaum Energie auf die Gestaltung dieser Bedingungen verwenden.

Die Möglichkeiten der *direkten Einflussnahme* der Akteure und Institutionen der indirekten Infrastruktur eines wirtschaftlichen Zusammenhangs auf die Clusterentwicklung werden in den Diskussionen der regionalen Wirtschaftsförderung *häufig überschätzt*. Für die erfolgreiche Entwicklung von Clusterprozessen sind in erster Linie die Handlungen der Schlüsselakteure des Clusters entscheidend.

Obwohl die Möglichkeiten einer direkten Einflussnahme der Akteure der indirekten Infrastruktur für die Clusterentwicklung zunächst gering sind, gewinnen die Akteure und Institutionen aus diesem Bereich für die Cluster-

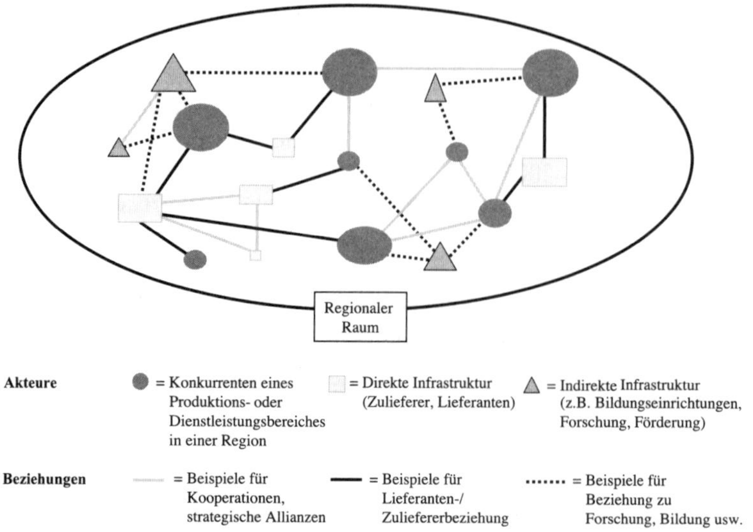

Abbildung 3: Beispiel für soziales Beziehungssystem im regionalen Cluster

prozesse und die Wettbewerbsfähigkeit des gesamten regionalen Clusters an Bedeutung. Der Bedeutungsgewinn liegt aber weniger in den bisher vermuteten direkten Funktionen der Steuerung und Lenkung der Clusterprozesse durch dieser Akteure. Der Bedeutungsgewinn hat seine Ursache darin, dass die systemischen Gesamtbeziehungen in Clustern für Innovation und Wettbewerbsfähigkeit durch den Wandel von Technologie und Arbeit (vgl. Kapitel III.) an Relevanz gewinnen.

In diesem sozialen Gesamtgefüge, in dem alle Bestandteile eines Systems wesentlich sind, liegt das Potenzial für die spezifische Innovationsfähigkeit eines Clusters. Porter stellt auf Basis von empirischen Untersuchungen fest, dass Produktivitätswachstum der Unternehmen wesentlich von der *Qualität des gesamten wirtschaftlichen* Umfeldes abhängt (Porter 1999, S. 221 f.).

Es ist diese Qualität des sozialen Beziehungssystems, in der Akteure unterschiedlicher Dimensionen eines Produktions- bzw. Leistungsbereiches in einem regionalen Raum ein Gesamtsystem bilden, das die besondere Qualität des Clusters beschreibt (siehe Abbildung 3). Dabei stehen die Schlüsselakteure dieses sozialen Cluster-Systems in Konkurrenz und viele andere Akteure der unterschiedlichen Dimensionen des Clusters müssen sich nicht einmal direkt kennen oder gar voneinander wissen.

2. Die Qualität des Clusters als soziales System

Was ist unter einem Cluster als sozialem System zu verstehen? Was sind die spezifischen Qualitäten dieses sozialen Systems? Um diese Fragen zu beantworten ist die Clusterfrage vor der Theorie sozialer Systeme zu reflektieren.

Ausgehend von der Theorie funktionaler selbstreferentieller Systeme (vgl. u.a. Baecker 1999b; Luhmann 1984; Willke, H. 1996) ist zunächst einmal festzustellen: Ein Cluster ist kein fest gekoppeltes soziales System – wie beispielsweise ein Unternehmen oder eine Organisation – mit einer dezidierten Sinnorientierung, eindeutigen Entscheidungsmustern (-programmen), eigenen formalen Normen, festen Regelungen oder definierten Mitgliedschaftsrollen. Ein Cluster ist vielmehr als ein sehr lose gekoppeltes soziales System zu sehen. Was bedeutet dies?

Ökonomisches Handeln ist immer eingebettet in soziale Kontexte, sei es im Unternehmen als ein soziales System (mit fest gekoppelten Mechanismen als Organisationssystem, vgl. unter anderem Baecker, 1999a; Luhmann 2000; Malik 2000) oder sei es in die sozialen Kontexte der regionalen Umfeldes (vgl. unter anderem Barthelt et al. 2002, S. 159 ff., Castells 201, S. 432 ff.; Ganovetter 1985). Cluster verdichten diesen sozialen Prozess im regionalen Kontext unter dem Gesichtspunkt der Realisierung der Produktions- bzw. Leistungserstellung der Schlüsselakteure des Clusters.

Theoretisch beschrieben bedeutet dies. Die Unternehmen eines Produktions- bzw. Leistungsbereiches in einer Region konstituieren über Kommunikation ein System von direkten und indirekten sozialen Beziehungen. Der implizite Sinn dieses durch Kommunikation konstituierten sozialen Clustersystems besteht in der Realisierung und ständigen Reproduktion eines optimalen Leistungs- und Produktionsprozesses. Das soziale Clustersystem entwickelt und reproduziert sich über generalisierte Mechanismen ständig weiter. Diese Mechanismen helfen, durch Entscheidungs- und Handlungsmuster aus der Komplexität der Möglichkeiten der Umwelt ständig den impliziten Sinn des sozialen Clustersystems zu aktualisieren. Zu diesen generalisierten Mechanismen gehören durch Kommunikation sich herausbildende implizite und explizite Wissensbestände, Kenntnisse, Fähigkeiten, Werte und kulturelle Codes, die zu einer für dieses regionale Cluster spezifischen Produktions- bzw. Leistungserstellung führen.

Da die Akteure eines regionalen sozialen Clustersystems teilweise Konkurrenten sind und sich teilweise gegenseitig gar nicht kennen, ist das soziale Clustersystem lose gekoppelte: In einem sozialen Clustersystem ist die soziale Integration in der Regel gering, die formalisierten Entscheidungsmuster nicht weit entwickelt und die symbolisch generalisierten Kommunikationsmedien generieren Sinn nur implizit.

Trotz der losen Kopplung als soziales System besitzt ein regionales Cluster generalisierte Mechanismen, die als soziale Ressourcen (vgl. u.a. Cernavin, et al. 2001a; Frieling et al. 1999; Stehr 2000) des Clusters zu sehen sind, die unabhängig vom einzelnen Akteur und unabhängig vom einzelnen Clusterunternehmen existieren. Soziale Ressourcen sind Bestandteil der Beziehungen von zwei und mehr Personen. Soziale Ressourcen beeinflussen bestimmte Entscheidungen und Handlungen von Personen, die Mitglieder des sozialen Systems sind (in Anlehnung an das Verständnis des sozialen Kapitals von Coleman [vgl. Coleman, 1995, SA. 392 ff.] und sozialwissenschaftlicher Theorien organisationalen und sozialen Wissens [vgl. u.a. Baecker 1999b; Weick 1985; Willke, H. 1998]). Soziale Ressourcen sind produktiv, denn sie ermöglichen die Verwirklichung bestimmter Ziele, die ohne sie nicht zu verwirklichen wären. Jedes soziale System – zum Beispiel eine Arbeitsbeziehung, ein Unternehmen oder auch ein regionales Cluster – besitzt soziale Ressourcen, mit deren Hilfe Ziele erreicht werden können, die sich anders gar nicht oder nur mit erhöhtem Aufwand erreichen ließen.

Soziale Ressourcen sind die Potenziale von Rollenerwartungen und Verpflichtungen, von Vertrauen und Macht, von Normen und Sanktionen, von Sinnorientierung und Kommunikation, von Werten, kollektiven Wissensvorräten und kulturellen Codes in Arbeitsprozessen, über die ein soziales System explizit oder implizit verfügen kann. In fest gekoppelten sozialen Systemen wie Unternehmen sind die sozialen Ressourcen über Betriebsklima, Organisation oder Führungskultur direkter zu beeinflussen, zu aktivieren und abzurufen. In dem lose gekoppelten sozialen System eines regionalen Clusters sind diese sozialen Ressourcen weniger direkt beeinflussbar, sie wirken mehr indirekt und implizit als Bestandteil der sozialen Beziehungen.

Die sozialen Ressourcen stehen dem sozialen System unabhängig vom einzelnen zur Verfügung. Auch wenn einzelne Personen das Unternehmen oder einzelne Akteure oder Unternehmen das regionale Cluster verlassen bleiben diese sozialen Ressourcen erhalten. Diese Ressourcen sind gleichzeitig nur durch die sozialen Beziehungen sowie durch die Entscheidungen und Handlungen einzelner Akteure lebendig. Im kontinuierlichen Kommunikations-, Entscheidungs- und Handlungsprozess entwickeln sich die sozialen Ressourcen ständig weiter. Die sozialen Ressourcen, über die ein Unternehmen oder ein regionales Cluster verfügen kann, sind also in der Zeitdimension über die sozialen Beziehungen in einem ständigen Entwicklungsfluss.

In diesem Prozess der sozialen Beziehungen und Kommunikationswege der Akteure in einem regionalen Cluster entwickeln sich unter anderem folgende Entscheidungs- und Handlungsmuster, über die als soziale Ressourcen verfügt werden kann:

- *Kollektive Wissensvorräte* – allgemeine Kenntnisse und Fähigkeiten über Produktions- und Leistungsprozesse im Cluster,
- *clusterspezifische Innovationsmuster* – Informationen über Marktprobleme und neue Entwicklungen im Produktions- und Leistungsbereich des Clusters, die „man" kennt und die „man" löst sowie gestaltet,
- *kulturelle Codes* – Spezielle Arten, Gewohnheiten, Routinen der Produktions- und Leistungserbringung im Cluster,
- *normative Lösungen* – Spezielle Formen der Prüfungen, Zulassungen, Genehmigungen, Bewertungsverfahren, Zertifizierungen in der Region, die sich allgemein herausgebildet haben.

Diese sozialen Ressourcen sind ein stillschweigendes Potenzial, das in den Verhältnissen des regionalen Clusters steckt und das sich ständig weiterentwickelt. Dieses Potenzial ist jedem Akteur des Clusters in dem Maße, wie er in den sozialen Beziehungen des Clusters beteiligt ist, zwangsläufig bekannt und unbekannt zugleich (vgl. Baecker 1999b, S. 78).

Die sozialen Ressourcen eines Clusters zeigen sich beispielsweise in folgenden Prozessen:

- *Netzwerkbildung* – Es bilden sich stabile oder zeitliche begrenzte Netzwerke von einzelnen Auftraggebern, Auftragnehmern und/oder Kooperationspartnern, in denen sich die Akteure kennen und in direktem Kontakt zusammenarbeiten und Wissensbestände und Kenntnisse weiterentwickeln. Dabei umfasst ein solches Netzwerk in der Regel nur einen begrenzten Teil der Clusterakteure der Region. Auch gibt es mehrere sich häufig überschneidende und ständig in neuen Konstellationen zusammengefügte Netzwerke.
- *Wissensdiffusion* – Akteure der direkten Infrastruktur (Produkt-Zulieferer, spezielle primär und Sekundär-Dienstleister) arbeiten für mehrere Schlüsselakteure des Clusterkerns und damit diffundieren – ohne das dies bewusst geschehen muss – Kenntnisse, Erfahrungen und Fertigkeiten. Derartige Spill-overs entstehen auch bei Kooperationen in der Forschung und Entwicklung und durch die Fluktuation von Beschäftigten zwischen Firmen des Clusters.
- *Institutionelle Kompetenzen* – Es entstehen bei den Akteuren der indirekten Infrastruktur Kompetenzen, wie mit den spezifischen Problemen des Produktions- und Leistungsprozesses des Clusters umzugehen ist und wie sie gelöst werden können. Zulassungen durch staatliche Stellen können standardisiert und vereinfacht werden, es entwickeln sich spezielle Bildungs- und Weiterbildungsangebote für die Bedarfe der direkten Clusterakteure. Die vorhandenen Bibliotheken und Datenbanken in der Region richten ihre Angebote nach dem Bedarf der Clusterakteure aus.

- *Clusterspezifisches Kommunikationsmilieu* – Es entstehen informelle Informations- und Kommunikationswege zwischen den Akteuren des regionalen Clusters über die Unternehmensgrenzen hinweg. Bei Weiterbildungsmaßnahmen, Innungsveranstaltungen, Kongressen von Fachvereinigungen, bei regionalen Treffen von Gewerkschaften oder Berufsverbänden, bei regionalen Messen und Ausstellungen, in der Freizeit beim Sport oder in städtischen Szenetreffen kommt es zu ständigen informellen Kontakten von Akteuren aus dem Cluster. Hier kann sich ein spezifisches produktions- bzw. leistungsspezifisches informelles Milieu des Clusters in der Region entwickeln. Die soziale Bindungskraft dieser informellen Informations- und Kommunikationswege für das soziale Clustersystem ist erheblich. Auch hier müssen die Kontakte zwischen den Mitarbeitern konkurrierender Unternehmen nicht direkt ablaufen. Es ist die informelle Vielfalt der Clusterakteure der direkten und indirekten Infrastruktur in Verbindung mit den Schlüsselakteuren des Clusters, die ein ganz eigenes Milieu der Information und Kommunikation über Themen der Produktion und Leistung des Clusters ermöglicht.

Die skizzierten Beispiele weisen darauf hin, dass es zwei Qualitäten der sozialen Beziehungen und Kommunikationswege in einem regionalen Cluster gibt, die sich allerdings gegenseitig bedingen und überschneiden und die die sozialen Ressourcen eines regionalen Clusters konstituieren:

- *Formelle Beziehungen und Kommunikationswege* der Clusterakteure

  Zu den formellen Beziehungen und Kommunikationswegen gehören beispielsweise:

  - Die Auftraggeber-Auftragnehmer-Beziehungen mit fest definierten Rollenverteilungen und Verträgen.
  - Die Netzwerke von Produktions- und Leistungsverbünden mit ebenfalls oft fest beschriebenen, definierten sowie vereinbarten Rollenverteilungen und Kommunikations- und Entscheidungswegen.
  - Projektbezogene Kooperationen und strategische Allianzen von einzelnen Schlüsselakteuren des Clusters oder von einzelnen Akteuren der direkten Infrastruktur. Auch hier sind in der Regel die sozialen Beziehungen und Kommunikationswege meistens formal eindeutig definiert.
  - Regionale Initiativen und Veranstaltungen einzelner Clusterakteure (zum Beispiel Imagekampagnen, Messen, Fachveranstaltungen), die in der Regel ebenfalls projektbezogen sind und damit mit klar beschriebenen Kommunikationswegen verbunden sind.

- *Informelle Beziehungen und Kommunikationswege* der Clusterakteure

  Hierbei sind die nicht formalisierten und nicht expliziten sozialen Beziehungen sowie Kommunikationswege gemeint, zu denen unter anderem gehören:

  - Informationen von Produkt-Lieferanten und Dienstleistern über andere Clusterakteure und über neue Produktions- und Leistungsentwicklungen im Clusterbereich.
  - Treffen bei Fach- und Berufsverbänden, Messen usw.
  - Gerüchte über Entwicklungen im Cluster.
  - Informationen der Produkt-Lieferanten und Dienstleister untereinander.
  - Informationen von Mitarbeitern, die von einem zum anderen Clusterakteur wechseln (ein solcher Wechsel ist in einem Cluster leichter möglich).
  - Kontakte von Clusterakteuren in der Freizeit.

Diese Perspektive auf ein Cluster, als ein lose gekoppeltes soziales System, schärft den Blick auf das Typische eines Clusters (Abbildung 4): Obwohl sich nicht alle Akteure eines Clusters kennen, die Akteure des Clusterkerns direkte Konkurrenten sind, profitieren doch alle von den gemeinsamen sozio-ökonomischen und kulturellen Mustern des Clusters in direkter räumlicher Nähe. Das soziale Clustersystem basiert auf sinnorientierten Entscheidungs- und Handlungsmustern, die alle Clusterakteure (Schlüsselakteure, Akteure der direkten und indirekten Infrastruktur) an die konstituierenden Prozesse des Clustersystems bindet: einen erfolgreichen Produktions- und Leistungsprozess jedes einzelnen Schlüsselakteurs des Clusters.

Die durch Kommunikation entstandenen Entscheidungsmuster (Werte, Gewohnheiten, kulturelle Codes, kollektive Wissensvorräte mit spezifischen Kenntnissen und Fähigkeiten) wirken im regionalen Cluster teilweise explizit zum großen Teil aber implizit. Die Akteure können über diese sozialen Ressourcen explizit oder implizit verfügen. Sie sind in ihrer Rolle als Akteure des regionalen Clusters an diese Entscheidungsmuster gebunden, sie sind ihnen deswegen „zwangsläufig" bekannt und unbekannt zugleich.

Der Wert der Kommunikation im Cluster liegt gerade darin, dass sie nicht gestaltet, nicht strukturiert und häufig auch nicht explizit abläuft.

Mit dieser Perspektive auf ein Cluster wird ein weiterer typischer Clusteraspekt sichtbar. Ein regionales Cluster ist ein dynamischer selbstgesteuerter Prozess der eine Vielfalt von eigenständigen Akteuren in einem ähnlichen Handlungsbereich lose gekoppelt zusammenfügt. Cluster sind extrem dynamische soziale Systeme. Durch die Vielfalt der formellen und informellen

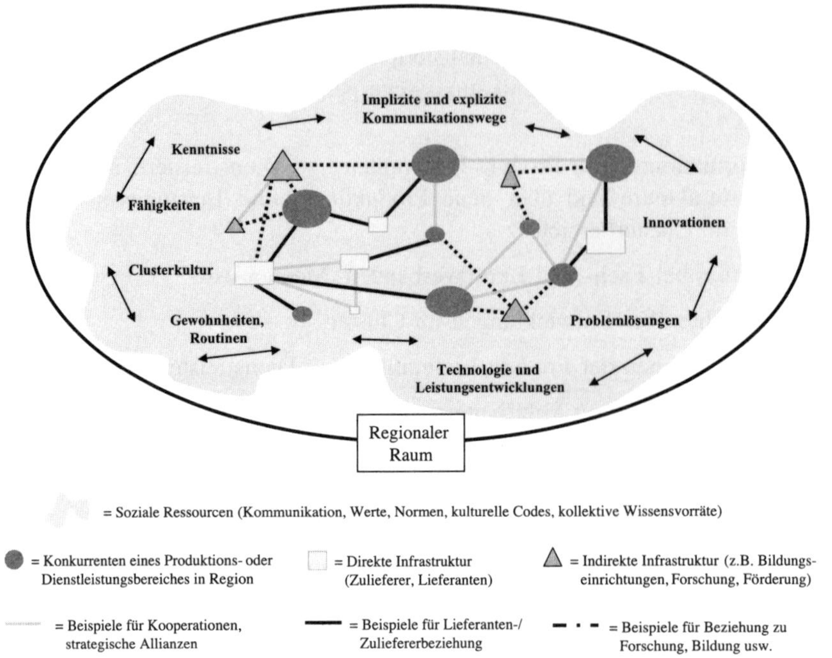

Abbildung 4: Cluster als lose gekoppeltes soziales System

Beziehungen sowie der expliziten und impliziten Kommunikationswege von Akteuren, die sich zum Teil nicht kennen und teilweise Konkurrenten sind, ist das lose gekoppelte soziale Clustersystem in einem ständigen dynamischen Entwicklungsprozess.

3. Regionale Cluster und Innovationsprozesse

Die Existenz eines regionalen Cluster an sich bedeutet noch keinen Wettbewerbsvorteil. Beziehungen und Kommunikationswege können erstarren, vorhandene Kontakte können behindern, zur Abschottung führen oder stagnieren. Auch informelle Milieus können innovative Prozesse einleiten und fördern, sie können sie aber auch behindern oder zu Blockaden führen.

Viele vorhandenen Studien zur Innovationsprozessen lassen jedoch den Schluss zu, dass die *Wahrscheinlichkeit für Wettbewerbsfähigkeit und Innovationen in regionalen Clustern höher* ist. Innovations- und Lernprozesse entstehen offensichtlich eher aus einem funktionierenden Gesamtsystem, das die sozialen und humanen Ressourcen aktiviert sowie aus der Qualität des Zusammenspiels der vorhandenen Produktions- und Leistungsfaktoren in regionalen Clustern (vgl. u.a. Albach 1994; Baethge et al. 1998; Baptista et al. 1998; Blättle-Mink 1997; Fritsch 2000; Lehner et al. 1998). Auch Globalisierungsprozesse scheinen teilweise mit einer Reterritorialisierung von Unternehmensstrategien verbunden zu sein, in denen die Ressourcen regionaler Cluster zunehmend an Relevanz für Innovations- und Wertschöpfungsprozesse gewinnen (vgl. u.a. Bierter et al. 1998; Kujath 1998; Läpple 1998; Münch 1998).

Cluster und regionale soziale Ressourcen haben dabei nicht nur für die so genannten neuen wissensgenerierten Produkte und Leistungen oder die High-Tech-Sektoren eine innovationsfördernde Wirkung. Auch im Einfachproduktsektor (Produkte geringer technischer und funktionaler Komplexität) kann die Qualität von regionalen Clustern innovationsfördernd und standortbindend sein (Schmierl 2000). Wichtig für Standortentscheidungen dieser Unternehmen der Einfachproduktion ist nicht nur – wie häufig in der Öffentlichkeit dargestellt – die Lohnkostenersparnis in Billiglohnländern, sondern nach teilweise schmerzlichen Erfahrungen zunehmend auch wieder Faktoren wie Qualität der Facharbeiter und Zulieferbetriebe, Arbeitsproduktivität, Nähe von Herstellern von Bearbeitungsmaschinen, Logistikkomponenten, Lager- und Fördersysteme, branchenspezifische Dienstleistungen oder Nähe von Interessenverbänden (Schmierl 2000). Da Unternehmen im Einfachproduktsektor nach wie vor in viele Regionen bestimmend beziehungsweise ein wesentlicher Produktions- und Beschäftigungsfaktor sind, sollten diese Unternehmen auch unter der Clusterperspektive im Blickfeld von Arbeitsgestaltung und Regionalentwicklung bleiben.

Innovationen realisieren sich natürlich nicht ausschließlich über regionale Clusterbeziehungen. Viele Innovationsprozesse vor allem in *Großkonzernen* erfolgen in nationalen und globalen Netzwerken und die Qualität der regionalen sozialen Clusterbeziehungen ist hier nur ein Innovationsfaktor neben mehreren anderen (vgl. u.a. Schamp 2000b). Auch mittelständische Unternehmen sind teilweise auf das (billige) Land bezogen, weitab von regionalen Clustern, und besitzen durch eine aktivierende Unternehmensorganisation eine exzellente Innovationskraft.

Innovationen benötigen also nicht zwangsläufig regionale Cluster. Doch – und das ist für unsere Betrachtungsperspektive wesentlich – regionale Cluster gewinnen durch den Wandel von Technologie und Arbeit mit ihren spezifischen sozialen Ressourcen zunehmend an Bedeutung für innovative Entwicklungen. Warum das so ist, soll im Folgenden skizziert werden.

III. Regionale Cluster im Wandel von Technologie und Arbeit

Regionalökonomische Prozesse und Prozesse der Arbeitsgestaltung verstärkt unter der Perspektive regionaler Cluster zu betrachten, ist kein Modetrend. Der Grund liegt in einer fundamentalen neuen Technologieentwicklung, die alle Prozesse der Arbeit und der Wertschöpfung durchzieht. Diese Entwicklung ist es, die uns veranlasst Gestaltungsfragen von Arbeit und Regionen neu zu stellen und zu durchdenken. Dabei kann auch die Perspektive regionaler Cluster hilfreich sein. Zunächst einmal werden wir im Folgenden einen Blick auf die wesentlichen Tendenzen der Technologieentwicklung werfen, um dann daraus die Auswirkungen auf die Arbeitsgestaltung in der Region und die regionalen Cluster abzuleiten.

1. Die neuen Technologien als der Treiber des Wandels

Die neue Technologie basiert auf computergesteuerten Arbeitsmitteln (siehe Kasten). Sie durchdringt fast aller Arbeitsprozesse in fast allen Branchen. In den 90iger Jahren ist der Computer zum Hauptarbeitsmittel geworden. Im Jahr 2000 verrichten zwei Drittel aller Erwerbstätigen ihre tägliche Arbeit in Werkstatt, Praxis, Büro beziehungsweise unterwegs hauptsächlich mit computergesteuerten Arbeitsmitteln (vgl. BIBB/IAB-Erhebung 2001).

Computergesteuerte Arbeitsmittel

Alle computer-/programmgesteuerten Maschinen und Anlagen. Dazu zählen:

- Computergesteuerte Maschinen/Automaten (zum Beispiel NC/CNC-Maschinen, Industrieroboter)
- Computergesteuerte verfahrenstechnische Anlagen, Chemieanlagen (zum Beispiel Extraktionsanlagen, Zentrifugen, Elektrolyse)
- Medizinisch-technische Anlagen (zum Beispiel computergesteuerte Analysesysteme, computergesteuerte Diagnosegeräte)
- Computer, PC, Laptop, Notebook (zum Beispiel bei Büro- und Dienstleistungsarbeiten, Planung- und Überwachungsbereichen)

(nach: BIBB/IAB-Erhebung 2001, Troll 2000)

Der Einzug dieser neuen Technologie in die Produktions- und Leistungsprozesse der Arbeitswelt begann mit den siebziger Jahren des letzten Jahrhunderts. Flächendeckend setzte sich diese Technologie allerdings erst in den 90iger Jahren durch. So gelang beispielsweise der Durchbruch der automatisierten Fertigung in dieser Zeit, wie die Zunahme des Umsatzes der

Branche „Robotik und Automation“ verdeutlicht (von 1990: 3,6 Mrd auf 1999: 9,5 Mrd – DIHT 2001). 1985 verwendeten noch 21 Prozent der Erwerbstätigen computergesteuerte Arbeitsmittel hauptsächlich, 1991 waren es bereits 37 Prozent und 1999 62 Prozent (Troll, 2000, S. 132). Dieser dynamische Einzug der neuen Technologie in alle Arbeitsprozesse verändert Arbeits- und Beschäftigungsformen, die Organisation und Gestaltung der Arbeit, die Arbeitsinhalte, Arbeitskulturen und Wertschöpfungsprozesse.

„Die Verbreitung neuer Techniken hat sich also rasant beschleunigt. Diese Schnelligkeit dürfte in der Geschichte der Technisierung einmalig sein,“ (Troll, 2000, S. 132) bilanzieren die Wissenschaftler der umfassensten Panelstudie (BIBB/IAB-Erhebung) über Arbeits-, Qualifikations- und Technologieentwicklung in Deutschland. Die neuen Technologien führen zu vier wesentliche Entwicklungen, die die Diskussion um den Bedeutungszuwachs der regionalen Cluster tangieren.

- *Wandel der Struktur der Arbeit:* Reorganisation und segmentierte Wertschöpfung.
- *Wandel der Inhalte der Arbeit*: Wissensarbeit und informatisierte Wertschöpfung.
- *Wandel des Ortes der Arbeit:* Räumliche und mentale Entgrenzung.
- *Wandel der Form der Arbeit:* Intensivierung und neue Belastungen.

Diese vier Entwicklungen sollen im Folgenden etwas genauer darstellt werden. Dabei wird auch deutlich, dass die Perspektive regionaler Cluster nicht allein im Focus Regionalisierung – Globalisierung relevant ist sondern dass diese Perspektive auf regionale Wirtschaftsentwicklung ihre Potenziale auch vor dem Hintergrund des Wandels von Arbeit und Technologie entfaltet.

2. Struktur der Arbeit: Re-Organisation und segmentierte Wertschöpfung

Vor dem Hintergrund der neuen Technologien – vor allem auf Basis der Informations- und Kommunikationstechnologien – hat sich die *Struktur der Arbeit* in den letzten zwanzig Jahren grundlegend gewandelt. Dieser Strukturwandel ist gekennzeichnet durch Re-Organisation mit umfassenden Out-Sourcing und Konzentration auf die Kernkompetenzen sowie neuen Organisationsformen in Wertschöpfungsprozessen. Diese Entwicklungen wurden vielfach nachgewiesen und belegt (vgl. u. a. Eggers et al. 2002; Hamel et al. 1997; Hirsch-Kreinsen 1996; Picot et al. 1996; Willke, G. 1999). Teilweise momentan zu beobachtende Gegenentwicklungen scheinen eher die Auswüchse übereilter und überzogener Ausgliederungen rückgängig zu machen, als dass sie einen Gegentrend signalisieren würden.

In Deutschland findet dieser strukturelle Umbruch von Arbeit auf breiter Ebene erst in den neunziger Jahren statt und auch hier erst schwerpunktmäßig in der zweiten Hälfte dieses Jahrzehnts. In 32 Prozent der Großbetriebe wurde nach Angabe der Beschäftigten in den Jahren 1998 und 1999 Arbeitsbereiche outgesourct und vermehrt Aufträge an Fremdfirmen vergeben (Jansen 2000, S. 62). In zwei Drittel der Großbetriebe wurden im gleichen Zeitraum Umstrukturierungen beobachtet (Jansen 2000). Insgesamt wurde in der BIBB/IAB-Erhebung festgestellt, dass in 77 Prozent der Unternehmen in den Jahren 1998 und 1999 Organisations- und Strukturveränderungen stattgefunden haben (Dostal 2001).

Diese Zahlen weisen darauf hin, dass die Re-Organisationsprozesse von Arbeit in Deutschland faktisch noch recht jung sind, obwohl sie in der Literatur schon länger diskutiert werden. Mittlerweile sind diese Prozesse aber so weit fortgeschritten, dass sie fast alle Mittel- und Großbetriebe erreicht haben. Kleinunternehmen sind von den strukturellen Änderungen weniger betroffen (rund ein Fünftel mit Organisations- und Strukturveränderungen und 6 Prozent mit Out-Sourcing – Dostal 2001). Diese strukturellen Änderungen sind mit leichten Verschiebungen in allen Branchen zu beobachten, in den direkten Computerberufen allerdings deutlich am stärksten (Dostal 2001). Diese empirischen Ergebnisse weisen darauf hin, dass sich in Deutschland vor allem in der zweiten Hälfte des letzten Jahrzehnts fundamentale Veränderungen in Struktur und Organisation der Arbeit vollzogen haben.

Gekennzeichnet sind diese Re-Organisationsprozesse durch eine Flexibilisierung der Strukturen und eine Segmentierung der Wertschöpfung (Abbildung 5). Dabei kommt es fast immer zur Auflösung großer, starrer Organisationsstrukturen beziehungsweise es bilden sich neue prozessorientierte Strukturen heraus.

Es zeigen sich folgende Typen der Re-Organisation und Neuorganisation von Arbeit (vgl. u. a. Freiling et al. 2002; Reichwald 1996; Scheyögg 1998; Wengel et al. 2002):

- *Typ 1: Gemäßigt hierarchische Modernisierung* – Dieser Typ der Re-Organisation erhält die Unternehmensgrenzen weitestgehend, strebt allerdings flachere Organisationsstrukturen an, die aber hierarchisch bleiben. In diesen Unternehmen werden Rand-Funktionen des Wertschöpfungsprozesses ausgelagert. Die Wertschöpfung wird bei diesem Re-Organisationstyp nur wenig segmentiert in erster Linie werden Strukturen insgesamt effektiviert. Dieser Re-Organisationstyp findet sich vor allem bei standardisierter Produktion und Dienstleistung.

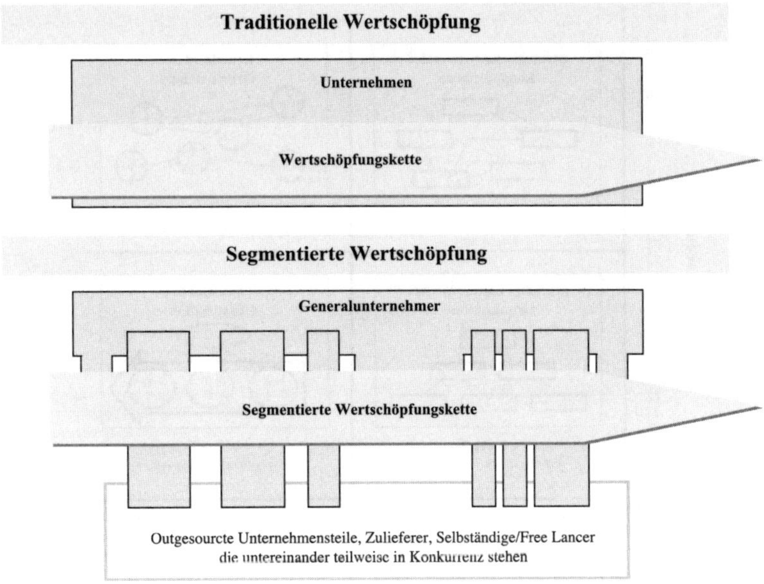

Abbildung 5: Beispiel für Wandel der Wertschöpfung

- *Typ 2: Modulare Organisation* – In diesen Unternehmen werden die Arbeitsbereiche modularisiert vor allem durch Gruppenorganisation (teilweise profit-center). In diesen Unternehmen wächst der Anteilen an Eigenverantwortung und an selbstorganisierten Prozessen (mit teilweise engen Zeitvorgaben und Controlling). Teilweise treten hier ehemalige interne jetzt verselbstständigte Abteilungen im Wertschöpfungsprozess in Konkurrenz mit neuen externen Anbietern; in diesem Fall kommt es zu einer Vermischung mit Re-Organisationstyp 3. Die modulare Re-Organisation segmentiert den Wertschöpfungsprozess teilweise. Sie findet sich vor allem bei prozessorientierter Produktion und Dienstleistung.

- *Typ 3: Strategische Netzwerke und Kooperationen* – Diese Unternehmen lösen einen organisatorisch einheitlichen Wertschöpfungsprozess auf und bilden Netzwerke entlang der kompletten oder von Teilen der Wertschöpfungskette. Strategische Allianzen, Joint Ventures oder Kooperationen sind Begriffe, die für diese Re-Organisationsprozesse stehen. Dieser Typ der Re-Organisation segmentiert den Wertschöpfungsprozess umfassend und ist eine Mischung aus prozess- und projektorientierten Leistungen.

- *Typ 4: Virtuelle ad hoc Organisation* – Hier lösen sich kontinuierliche Unternehmensgrenzen gänzlich auf. Die Teilnehmer dieser Organisation

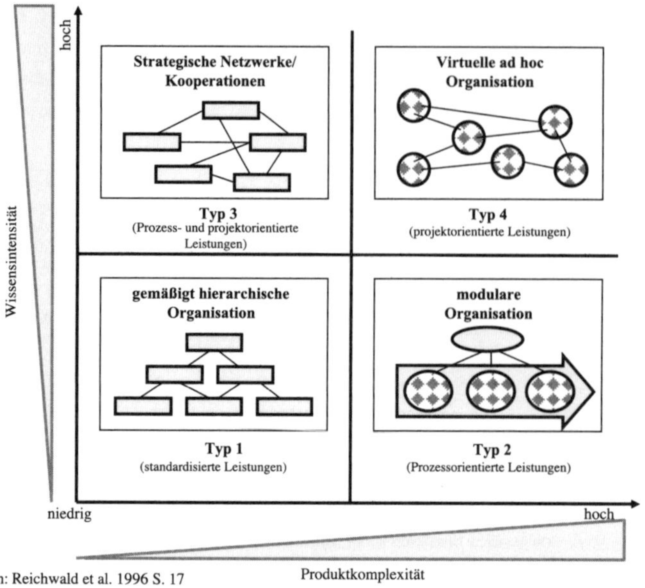

in Anlehnung an: Reichwald et al. 1996 S. 17

Abbildung 6: Formen der Re- und Neu-Organisation

kommen nur ad hoc zu Projekten auftragsbezogen zusammen. Hier handelt es sich um miteinander in Verbindung stehende Unternehmen und/ oder einzelnen Beschäftigten (zum Beispiel Free-Lancer), die sich je nach Aufgabe zusammenschließen und danach wieder auseinander gehen. In diesen Organisationsformen ist die Wertschöpfung vollständig segmentiert und es handelt sich ausschließlich um projektorientierte Leistungen.

Diese Typen der Re- und Neu-Organisation (Abbildung 6) kommen in der Praxis in den unterschiedlichsten Konstellationen und Kopplungen vor. Die empirischen Befunde der BIBB/IAB-Erhebung lassen den Rückschluss zu, dass in Deutschland die meisten Unternehmen sich entsprechend der Typen 1 und 2 reorganisiert haben, dass aber auch die anderen Formen zunehmend zu beobachten sind.

Diese grundlegende Strukturveränderung von Arbeit mit den segmentierten Wertschöpfungsprozessen steigert die Bedeutung regionaler Clusterbildungen. Ein Wertschöpfungsprozess findet immer weniger in den Grenzen eines Unternehmens statt. Die Effektivität und Effizienz der Wertschöpfung hängt nicht mehr allein von der Effektivität und Effizienz der Prozesse *in* einem Unternehmen ab. Segmentierte Wertschöpfung basiert auf der koordinierten Leistung mehrerer unabhängiger Akteure. Die Effektivität, Effizienz und Innovationsfähigkeit der Wertschöpfungsprozesse erweisen sich in der Kooperation von Akteuren. Der Koordinator (in der Regel ein Generalunternehmer) der segmentierten Wertschöpfungsprozesse kann den Produktions- und Leistungsprozess um so erfolgreicher organisieren, wenn er Angebote von mehreren konkurrierenden Zulieferern besitzt. Wettbewerb der möglichen Partner im segmentierten Wertschöpfungsprozess fördert hier die Effektivität und Effizienz sowie die Leistungs- und Innovationsfähigkeit der einzelnen Partner.

Kann ein Koordinator/Generalunternehmer auf mehrere konkurrierende Partner zurückgreifen steigert dies seine Wettbewerbsfähigkeit. Auch aus der Perspektive der Zulieferer und Kooperationspartner eines segmentierten Wertschöpfungsprozesses kann es förderlich sein, wenn sie ihre Leistungen mehreren Koordinatoren/Generalunternehmen anbieten können, die auch wiederum in Konkurrenz untereinander stehen. Dies erhöht die Anzahl der Kunden und erleichtert die Preisgestaltung. Wenn die beschriebenen Wechselbeziehungen von Koordinatoren/Generalunternehmen und Zulieferern in räumlicher, regionaler Nähe stattfinden, hilft dies zusätzlich Transfer- und Logistikkosten sowie Kommunikationsprobleme zu verringern (wenn räumliche Nähe auch keine zwingende Voraussetzung für diese segmentierten Wertschöpfungsprozesse ist).

Ein Teil der neuen strukturellen Anforderungen, die durch den Wandel von Arbeit und Technologie entstehen, entsprechen den Bedingungen, die die Akteure in regionalen Clustern vorfinden. Obwohl regionale Wirtschaftscluster historisch schon seit Beginn der Warenproduktion bestehen und schon in der traditionellen industriellen sowie handwerklichen Produktion entwicklungsfördernd wirkten (vgl. Beitrag von van der Linde in diesem Buch), so gewinnen sie unter den organisatorischen und strukturellen Wandlungsprozessen von Arbeit heute zusätzlich an Funktion und Bedeutung. Segmentierte Wertschöpfungsprozesse profitieren von den personalen, sozialen und ökonomischen Ressourcen sowie den Innovationspotenzialen von regionalen Clustern in besonderem Maße.

3. Inhalte der Arbeit: Wissensarbeit und informatisierte Wertschöpfung

Die Clusterperspektive gewinnt aber nicht nur durch die neuen Strukturen der Arbeit an Bedeutung sondern auch durch die *neuen Inhalte der Arbeit*. Die heuen Inhalte der Arbeit sind vor allem dadurch gekennzeichnet, dass die neuen Technologien weitestgehend die Handarbeit durch die Kopfarbeit ersetzen. Nur noch 30 Prozent der Beschäftigten im verarbeitenden Gewerbe sind in der Herstellung tätig, rund 70 Prozent verrichten dienstleistende und wissensintensive Aufgaben (Maschinen einstellen, Warten, Reparieren, Handel treiben, Büroarbeit, Planen, Forschen, Leiten, Ausbilden, Informieren) (DIHT, 2001, Klotz 1999).

Empirische Arbeiten beschreiben den Wandel an die inhaltlichen Anforderungen je mehr die neuen Informationstechnologien in die industrielle Fertigung und in die Büros eindringen.(vgl. u. a. Ostermann 1999; Shaiken 1993; Strengel-Meske 1994; Volkholz et al. 2002). Zu diesen neuen Anforderungen gehören unter anderem:

- Der Einsatz von gut ausgebildeten Arbeitskräften, die auf Basis einer qualifizierten Fachausbildung eigenverantwortlich entscheiden können,
- ständige Wandlungs- und Lernbereitschaft,
- die wachsende Bedeutung von sozialen, kommunikativen und methodischen Kompetenzen.

Der Wandel der Inhalte der Arbeit zeigt sich unter anderem in der Zunahme der Dienstleistungsarbeit (vgl. Bullinger 1997; Mangold 1997). Aber auch in der industriellen Produktion verändert die Automatisierung durch rechnergesteuerte Arbeitsmittel die Inhalte der Arbeit. Dies wurde schon zu Beginn der achtziger Jahre in Großunternehmen beobachtet (vgl. Kern et al. 1984). In den neunziger Jahren hat sich dann die Automatisierung der industriellen Produktion auf breiter Basis durchgesetzt (siehe Kapitel III.1.). In der industriellen Produktion verdrängt die Steuerung, Einrichtung, Überwachung, Wartung und Instandhaltung rechnergesteuerter Arbeitsmittel durch hochqualifizierte Fachkräfte die einfachen, zergliederten manuellen Tätigkeiten.

Hier wird die neue inhaltliche Qualität der Arbeit sichtbar. Die klassische Industriearbeit wird durch die Wissensarbeit ersetzt. Was ist das spezifisch Neue an der Wissensarbeit? Wissen spielte auch in der alten Industrieökonomie eine wichtige Rolle. Die klassische Industriearbeit benötigte Kompetenzen, Kenntnisse und Fähigkeiten, die in qualifizierten Ausbildungsprozessen erworben wurden. Die klassische Industrieökonomie basierte auf der Entwicklungs- und Planungsarbeit hochspezialisierter Fachleute (Ingenieure, Chemiker, Techniker usw.), die sich ihre Profession in langen Ausbildungsgängen angeeignet hatten. Der Begriff Wissensarbeit beschriebt etwas anderes.

Der Begriff Wissensarbeit beschreibt nicht nur den Austausch des Bandarbeiters durch den Ingenieur, der die automatisierte Anlage überwacht und wartet und nicht nur den zunehmenden Wandel zur Dienstleistungstätigkeit selbst in den klassischen Industriesektoren. Wissensarbeit als Tätigkeit (Kommunikationen, Transaktionen, Interaktionen), basiert auf ständigen Lernprozessen und kontinuierlicher Lernbereitschaft und -fähigkeit. Wissensarbeit beschreibt die neue Qualität der Arbeit, die in der Fähigkeit besteht, kontinuierlich Wandlungsprozesse einzuleiten. Wissensarbeit erfordert (Willke, H. 1998, S. 4 f.), dass das für den Produktions- und Leistungsprozess relevante Wissen

- kontinuierlich revidiert,
- permanent als verbesserungsfähig angesehen,
- prinzipiell nicht als Wahrheit, sondern als Ressource betrachtet wird und dass es
- untrennbar mit Nichtwissen gekoppelt ist, so dass mit Wissensarbeit spezifische Risiken verbunden sind.

Das charakteristische an Wissensarbeit ist also die Lern- und Wandlungsfähigkeit in den Produktions- und Leistungsprozessen. Wissensarbeit führt zu einer neuen Kombination von fachlichen und fachübergreifenden Kompetenzanforderungen. Zwar bleibt die Fachqualifikation Grundlage der beruflichen Kompetenz, sie kommt in den neuen wissensgenerierten Prozessen aber nur zur Wirkung in Verbindung mit zusätzlichen Schlüsselkompetenzen wie (vgl. Baethge 2000, S. 42):

- Abstraktionsfähigkeit.
- Systemisches und prozesshaftes Denken.
- Offenheit und intellektuelle Flexibilität sowie individuelles Wissensmanagement.
- Hohe kommunikative Kompetenz und Kooperationsfähigkeit.
- Kulturelle Kompetenz.
- Umfassende Kompetenz zur Selbstorganisation und Selfmanagement.

Wandlungsfähigkeit, lernende Strukturen und selbstgesteuertes Entscheiden in dynamischen und kürzer werdenden Innovationszyklen mit einer immer geringeren Halbwertzeiten des Wissens sind zentrale Bestandteile der neuen informatisierten Wertschöpfung über Wissensarbeit (vgl. u. a. Castells 2001; Cernavin 2001; Klotz 1999; Willke, H. 1998). Die informatisierte Wertschöpfung realisiert sich über eine Organisation und Nutzung der humanen und sozialen Ressourcen. Der arbeitende Mensch (Humanressourcen) und die sozialen Beziehungen in der Arbeit (Sozialen Ressourcen) sind die Motoren der neuen Wissensarbeit. Nur Menschen in aktivierende sozialen Strukturen können Wissen neu generieren.

Die Innovationszyklen von Kenntnissen und Fähigkeiten sowie von Produkten und Leistungen sind teilweise so schnell, dass gar keine Zeit zum institutionellen Lernen bleibt beziehungsweise dass es noch gar keine standardisierte Fortbildung gibt. Gelernt wird (unter der Voraussetzung hoher Fachqualifikation und gut ausgebildeter Schlüsselkompetenzen) immer mehr im Arbeitsprozess selbst beziehungsweise durch informelle Kontakte und Beobachtungen. Ein wesentlicher Teil dieser Lernprozesse basieren auf personaler Kommunikation im betrieblichen und regionalen Lebens- und Arbeitsumfeld. Wissensarbeit ist also viel stärker noch als die Arbeit der alten Industrieökonomie auf den kontinuierlichen innovativen Lernprozess angewiesen – auch im regionalen Umfeld.

Diese Anforderungen der Wissensarbeit steigern die Bedeutung und Funktion regionaler Cluster. Die sozialen Ressourcen eines regionalen Clusters bieten ein Lernmilieu und ein Feld ständig aktivierender Anreize für Wissensarbeit. Wissensarbeiter, finden in den informellen Beziehungen regionaler Cluster eher Anregungen. Sie können durch Beobachtung und Kontakte im sozialen Feld des regionalen Clusters Entwicklungen von Konkurrenten und allgemeine Marktentwicklungen im eignen Produktions- und Leistungsbereich schneller und direkter kennen lernen.

Die Bedeutung dieser regionalen Zusammenhänge wird noch einmal dadurch gesteigert; das diese für Wissensarbeit typischen Prozesse kontinuierlichen Revidierens, in Fragestellens und Verbesserns in den segmentierten Strukturen der Arbeit ablaufen. Die Grenze lernender betrieblicher Organisationsstrukturen *eines* Unternehmens reicht für die segmentierte Wertschöpfung nicht mehr aus. Konkurrierende Zulieferer und Kooperationspartner in der Region werden Teil von Entwicklungs- und Lernprozessen.

Die Wissensdiffusion sowie die formalen und informellen sozialen Beziehungen von Konkurrenten und von Zulieferern, die für mehrere Konkurrenten des Clusterkerns gleichzeitig arbeiten, fördern einerseits Innovationsprozesse, führen aber auch zu neuen Risiken und Unsicherheiten. Die Lernstrukturen und -prozesse brechen auf, werden unübersichtlicher, turbulenter und durchmischen sich mit Lernprozessen von Konkurrenten.

Gleichzeitig entsteht eine erhebliche Handlungs- und Entscheidungsdynamik, weil jeder einzelne Akteur im Cluster versucht, sich kontinuierlich zu verbessern und besser zu sein als der Konkurrent. Formelle und informelle Beziehungen in lokalen Fachverbänden, lokalen Messen und Veranstaltungen ermöglichen es, Entwicklungen der Konkurrenten im Cluster schnell und direkt zu erkennen und auch schneller und direkter auf neue Entwicklungen zu reagieren. Durch diese Prozesse erhöhen regionale Cluster die Wandlungs- und Lerndynamik.

Regionale Cluster sind für die kontinuierlich notwendigen Lernprozesse von Wissensarbeit keine zwingende Voraussetzung. Lernprozesse sind auch in nationalen und globalen Kommunikationszusammenhängen möglich, die zusätzlich durch die neue Informations- und Kommunikationstechnologien erleichtert werden beziehungsweise auch durch neue CBT- oder WBT-Programme (CBT = computer-based-training; WBT = web-based-training). Doch diese Lernprozesse funktionieren nur zum Teil auf nationaler und globaler Ebene. Selbst global agierenden Konzernen scheinen zunächst auf ein innovatives regionales Umfeld für Lernprozesse angewiesen zu sein, wie Untersuchungen belegen (vgl. u.a. Castells 2001, S. 433 ff.; Hirsch-Kreinsen et al. 2000; Kujath 1998; Lehner et al. 1998a). Die personale Kommunikation vor Ort ist offensichtlich wegen der hohen „Media Richness" (Draft et al. 1984) ein zunehmend wesentlicher Bestandteil von Wissensarbeit.

4. Ort der Arbeit: räumliche und mentale Entgrenzung

Der Wandel des Ortes der Arbeit ist ein weiterer Entwicklungspfad, der durch den Einsatz der neuen Technologien in sozialen Systemen bedingt ist und der die Funktion von regionalen Clustern tangiert. Arbeit entgrenzt sich zunehmend und verlässt immer mehr die Grenzen der einzelnen Unternehmen. Dieser Prozess der Entgrenzung der Arbeit vollzieht sich auf zwei Ebenen:

- Einer lokal-räumlichen Entgrenzung.
- Einer mentalen Entgrenzung.

Lokal-räumliche Entgrenzung – Arbeit findet immer mehr im direkten lokalen Umfeld statt und weniger innerhalb der Grenzen des Unternehmens. Dies zeigt sich beispielsweise an der zunehmenden Auflösung des Normalarbeitsverhältnisses[2]. So stieg beispielsweise der Anteil der A-typisch Beschäftigten (hier Selbständige ohne Beschäftigte, Teilzeit-Arbeitsverhältnisse, Befristete Arbeitsverhältnisse) von 19,7 Prozent im Jahr 1988 auf 27 Prozent im Jahr 1998 (beide Zahlen beziehen sich auf West-Deutschland) (Hoffmann et. al. 2000). Der Anteil der Selbstständigen ohne Beschäftigte stieg von 3,7 Prozent 1988 auf 4,5 Prozent 1998 (Hoffmann, et al. 2000).

Ein Beispiel für zunehmende lokal-räumliche Entgrenzung ist die Telearbeit. Die Telearbeit hat eine Wachstumsrate von 16 Prozent pro Jahr. 1999 arbeiteten erst 2 Prozent der Menschen in Telearbeitsverhältnissen. Zwei Jahre später waren es schon 6,3 Prozent aller Erwerbstätigen. In der EU arbeiten insgesamt 20 Millionen Telearbeiter, in Deutschland 6 Millionen. Auch wenn nicht alle Telearbeiter zu Hause arbeiten, so arbeitet doch der größte Teil dieser Menschen zu Hause in so genannten SOHOs (Small Office/Home Office) (Reichwald et al. 1998).

---

[2] Normalarbeitsverhältnis = dauerhaften Arbeitsvertrag, einem an Vollzeitbeschäftigung orientierten Arbeitszeitmuster, einer obligatorischen sozialen Sicherung sowie der persönlichen Abhängigkeit und Weisungsgebundenheit des Arbeitnehmers vom Arbeitgeber (vgl. Hoffmann et al. 2000; Schreyer 2001).

Die vorliegenden empirischen und statistischen Zahlen beschreiben den vor allem in den neunziger Jahren zu beobachtenden Trend, dass Arbeit rein räumlich immer mehr außerhalb der formalen Grenzen eines Betriebs stattfindet. Das vorliegende Datenmaterial erlaubt zwar oftmals keine direkten Rückschlüsse auf den Arbeitsort, lässt aber vermuten, dass zwischen 10 bis 20 Prozent der erwerbstätig arbeitenden Menschen mittlerweile zu Hause in a-typischen Beschäftigungsverhältnissen arbeitet.

Eine wesentliche Ursache für diese Tendenzen ist die Flexibilisierung der Arbeit. Unternehmen beschäftigen Mitarbeiter wegen des zunehmenden Zeit- und Kostendrucks und aus unternehmensstrategischen Gründen nur noch projektbezogen, um die kontinuierlichen Belastungen durch Personal- und Raumkosten zu senken. Eine solche Strategie führt zu einer Vermarktlichung von Arbeitsorganisation und Arbeitsbeziehungen (Baethge 1999, S. 31). Im Zentrum einer solchen Strategie steht das Interesse an Erhöhung des Flexibilitätspotenzials durch eine ständige just-in-time-Verfügbarkeit von quantitativen und qualitativen Arbeitskraftressourcen.

Um eine solche Strategie realisieren zu können, benötigen die Unternehmen ein entsprechend großes Reservoir an flexiblen „selbstständigen" Arbeitskräften, auf die sie bei Bedarf zurückgreifen können. Am effektivsten ist es aus Perspektive dieser Unternehmen, wenn dieses flexible und entgrenzte Arbeitskräftereservoir möglichst weitgehende Kenntnisse über die spezifischen Produkte und Leistungen des Unternehmens besitzt. Diese Anforderung wird in regionalen Clustern besonders gut erfüllt. In regionalen Clustern ist der Bedarf und auch das Angebot an flexiblen Arbeitskräften des Produktions- und Leistungsbereiches besonders groß. Auch aus der Perspektive dieser flexiblen „selbstständigen" Arbeitskräfte besitzen regionale Cluster Vorteile. Sie finden in einem Cluster einen relativ guten regionalen Arbeitsmarkt, der ihren (cluster-)spezifischen Kenntnissen und Kompetenzen entspricht und ihnen entsprechende Arbeitsaufträge ermöglicht.

Mentale Entgrenzung – Ein Charakteristikum von Wissensarbeit besteht auch darin, dass sie sich schlecht beenden lässt. Der Wissensarbeiter, der die Probleme im Kopf löst und der ständig Wissen generieren muss, kann die Tür nicht mehr einfach zumachen und sagen „jetzt ist Schluss mit der Arbeit". Der Wissensarbeiter trägt die Probleme im Kopf mit nach Hause. Es ist typisch für Wissensarbeit, dass sie in der Freizeit weitergeführt wird. Der Kopf kann bei Problemen schlecht abschalten. Dies umso weniger, da der gewachsenen Zeit- und Marktdruck die Arbeit spürbar intensiviert hat und auch die Identifikation mit der Arbeit für einen relevanten Teil der Beschäftigten durch zunehmende Eigenständigkeit zugenommen hat.

Für viele Wissensarbeiter lösen sich damit die Grenzen zwischen Arbeit und Freizeit auf. Arbeit wird mental entgrenzt. In Deutschland ergaben schon früh Untersuchungen zur Lebensführung von Beschäftigten mit wissensintensiven Tätigkeiten, dass es zu einer partiellen und selbstgesteuerten Durchmischung der Bereiche Beruf, Familie und Freizeit kommt (vgl. Projektgruppe „Alltägliche Lebensführung" 1995). Auch in einer Befragung in den USA wurde schon Mitte der neunziger Jahre festgestellt, dass 40 Prozent der Erwerbstätigen den Computer zu Hause für berufliche Zwecke nutzen (nach Reichwald et al. 1998 S. 180). Diese mentale Entgrenzung der Wissensarbeit führt zu einer *Ökonomisierung von Privatleben und Freizeit.*

Diese mentale Entgrenzung der Wissensarbeit hat keine direkten Auswirkungen auf die Funktion und Bedeutung von regionalen Clustern – mit der Ausnahme, dass ein Wissensarbeiter eines regionalen Clusters auch in der Freizeit mehr Menschen trifft, die ihm mit Verständnis für die zu lösenden Wissensarbeitsaufgaben begegnen.

Das Problem der mentalen Entgrenzung verweist aber auf ein Arbeitsgestaltungsproblem, das hier nur kurz erwähnt werden soll. Wenn die Wissensarbeit zu Hause und ins regionale Umfeld einzieht werden die regionalen Räume zur Arbeitsumgebung, wie es vorher die Arbeitsumgebung im Unternehmen war. Unternehmen verwenden teilweise erhebliche Ressourcen, um ihre Arbeitsräume ergonomisch, sicher und gesund zu gestalten, um Leistungsfähigkeit und -bereitschaft zu fördern. Wenn der Arbeitsraum im Unternehmen durch die Region als Arbeitsraum teilweise „ersetzt" und ergänzt wird, wird Regionalgestaltung damit Arbeitsgestaltung. Für diesen Aspekt gibt es bisher kein Problembewusstsein und erst recht keine Lösungsinstrumente aus den Arbeits- und Sozialwissenschaften oder der Regionalökonomie. Regionale Räume können aber sehr wohl als ein Arbeitsraum gesehen werden, dessen Gestaltung die Produktivität, die Leistungsbereitschaft und die Arbeitsfähigkeit beeinflussen.

5. Form der Arbeit: Intensivierung und neue Belastungen

Ein weitere wesentliche Entwicklung, die durch die Nutzung der neuen Technologien in sozio-ökonomischen Systemen zu erkennen ist, ist die Intensivierung und Verdichtung der Arbeit. Dieser Aspekt hat nur indirekt etwas mit der Diskussion der Cluster-Perspektive zu tun, ist aber ein wesentlicher Bestandteil des Wandels der Arbeit und soll deswegen hier kurz skizziert werden.

Hintergrund der Intensivierung und Verdichtung der Arbeit liegt in der wachsenden Bedeutung der Finanzmärkte, die durch Beschleunigung globaler Prozesse (vor allem durch Nutzung der IuK-Technologien) eine neue

Schlüsselrolle einnehmen. Die Folge ist ein Kostensenkungs- und Innovationsdruck, der bis in die tiefsten Ebenen der Organisation von Industrie und Dienstleistung geht (vgl. u. a. Hirsch-Kreinsen et al. 2000; Lehner et al. 1998b; Rehfeld 1998). Re-Organisation, Prozess- und arbeitsmarktorientierte Strategien der Unternehmen sowie neue Beschäftigungsformen verdichten und vermarktlichen die Arbeit.

Dies führt zu einer Zunahme von Termin- und Leistungsdruck mit erheblich gewachsenen psychischen und psychosozialen Belastungen wie arbeitsbedingten Stress, Mobbing oder Burn-outs sowie Arbeitszeitproblemen (vgl. u. a. Bond, J. et al. 1997; Cernavin et al. 2001b; European Foundation 2001; Kastner et al 2001). Rund die Hälfte aller Beschäftigten in Deutschland empfand 1999, das die Zunahme von Stress und Arbeitsdruck in den letzten zwei Jahren am negativsten ihre Arbeitsbedingungen beeinflusst haben – nur vier Prozent anworteten, Stress und Arbeitsdruck habe abgenommen (Biersack et al. 2001; Jansen 2000).

Nun kann Stress nicht nur negative kognitiv-emotionale Prozesse erzeugen, wie Ermüdung, Ängste, Schlafstörungen oder psychosomatische Beeinträchtigungen sondern auch positive wie Leistungsmotivation und Aktivierung (vgl. Triemer et al. 2001). In der BIBB-IAB-Erhebung zeigt sich jedoch, dass Stress fast durchgängig als negativ von den Beschäftigten bewertet wird und sehr eng mit starken Termin- und Leistungsdruck in Verbindung gebracht wird. Starken Termin- und Leistungsdruck wird – fast durchgängig durch alle Branchen – als die am häufigsten gestellte Anforderung bei der Arbeit von den Beschäftigten genannt (Biersack et al. 2001). An den Arbeitsplätzen in Deutschland fühlt sich jeder zweite praktisch immer (19 Prozent) oder häufig (31 Prozent) unter starkem Termin und Leistungsdruck (Jansen 2000).

Auch psychische Erkrankungen haben enorm zugenommen. 1999 waren psychische Krankheiten bei nahezu jedem fünften Mann (1984 bei jedem zehnten) und fast jeder dritten Frau (1984 bei jeder zehnten) Ursache für die vorzeitige Verrentung (nach Brödner 2002). In empirischen Untersuchungen stellt Moldaschl fest, dass besonders qualifizierte Beschäftigte (Wissensarbeiter) hohen psychischen Belastungen ausgesetzt sind und er zieht die Schlussfolgerung. „Je mehr die Ressource Zeit zum umkämpften Gut wird, umso eher entwickeln sich Widersprüche zwischen Anforderungen und zeitlichen Ressourcen zum Belastungsschwerpunkt.“ (Moldaschl 2001, S. 152).

Die Intensivierung und Verdichtung der Arbeit ist zunächst eine Aufgabe der Arbeitsgestaltung. Arbeit ist so zu gestalten, dass unnötige psychische und psychosoziale Belastungen und Beanspruchungen vermieden werden, mit dem Ziel der Entwicklung eines leistungsfördernden Arbeitssystems, das die Arbeitsfähigkeit[3] (workability) der Beschäftigten fördert. Dies gewinnt in der Wissensarbeit an Bedeutung, da die Arbeitsfähigkeit der Wissensarbeiter (humane Ressourcen) zunehmend über die Qualität der Wertschöpfungsprozesse bestimmt.

Die Intensivierung und Verdichtung der Arbeit spielt für die regionale Clusterdiskussion eine Rolle, wenn man die Bedeutung regionaler Cluster nicht nur aus einer engen Sicht der ökonomischen Wettbewerbsfähigkeit der beteiligten Unternehmen betrachtet, sondern in der gesamten Ambivalenz der Entwicklung von Technologie, Arbeit und Wettbewerbsfähigkeit.

6. Regionale Cluster und die zunehmenden Ambivalenzen der Wertschöpfung

Der Wandel von Technologie, Arbeit und Wettbewerbsfähigkeit steigert die Ambivalenzen der Wertschöpfung. Die notwendige optimale Förderung der humanen und sozialen Ressourcen in einer informatisierten Wertschöpfung stehen in der Regel im Widerspruch zu den kurzfristigen Marktorientierungen der Unternehmen sowie dem Markt- und Konkurrenzdruck in dem diese stehen.

Qualifizierte Wissensarbeiter sind ein knappes Gut und müssen nachhaltig gepflegt und gefördert werden (zum Beispiel durch gute und gesunde Arbeitsbedingungen, Eigenverantwortung, Entscheidungskompetenz, gutes Arbeitsklima). Soziale Ressourcen (zum Beispiel soziales Klima, kulturelle Codes, Werte, Wissensvorräte, usw.) sind ebenfalls ein knappes Gut und entstehen nur in langen Entwicklungsprozessen, ehe sie zu wirken beginnen. Kurzfristige Verwertungsinteressen, Vermarktlichung, Zeit- und Kostendruck stehen diesen notwendigen nachhaltigen Prozessen der Förderung der humanen und sozialen Ressourcen in der Regel entgegen.

Durch Re-Organisation, segmentierte Wertschöpfung sowie räumliche und mentale Entgrenzung der Arbeit haben die einzelnen Unternehmen dieses Problem teilweise verlagert. Die Ambivalenz der Entwicklung bleibt zwar bestehen, sie wird aber durch Verlagerung der Problemlage außerhalb der Unternehmensgrenzen „vergesellschaftet". Regionale Cluster bilden einen besonderen Rahmen für diese Art der „Vergesellschaftung".

Regionale Cluster bieten spezifische Entwicklungsbedingungen für die neuen Arbeitsformen und -beziehungen. Die sozio-ökonomischen Beziehungen eines regionalen Clusters fangen die einzelnen entgrenzten Akteure teil-

[3] Arbeitsfähigkeit ist die vereinfachte Form von Arbeitsbewältigungsfähigkeit und beschreibt das Potenzial eines Menschen, eine bestimmte Aufgabe im Arbeitsleben unter den gegebenen Anforderungen zu bewältigen. Volkholz et al. 2002.

weise auf und bieten allen Beteiligten für die neuen Arbeitsformen und -beziehungen zumindest begrenzt Perspektiven:

- Die *Handlungsoptionen für einen einzelnen Akteur in einem Cluster sind größer,* allein durch die größerer Anzahl der Unternehmen eines Produktions- und Dienstleistungsbereiches an einem Ort. Die sozio-ökonomischen Beziehungen eines regionalen Clusters fangen die einzelnen entgrenzten Akteure teilweise auf. Dies kann allein dadurch geschehen, dass sie mehrere Auftraggeber an einem Ort finden. Auch Unternehmen können aus mehreren konkurrierenden Zulieferern auswählen. Die zunehmende Ambivalenzen von Wertschöpfungsprozessen werden durch die größere Vielfalt der Handlungsoptionen etwas ausgeglichen. Risiken verteilen sich auf mehrere eigenständig handelnde Akteure.
- *Regionale Cluster bieten innovative Potenziale,* die für die Wettbewerbsfähigkeit wichtig sind, auch außerhalb von einzelnen Unternehmen. Einzelne Unternehmen des Clusterkerns entwickeln zwar ihre ganz spezifischen Kernkompetenzen und Innovationsmuster allein und exklusiv. Dies müssen sie tun, um einzigartige Produkte und Leistungen anbieten zu können und konkurrenzfähig zu bleiben. Doch in segmentierten Wertschöpfungsprozessen wird gleichzeitig ein Teil der Innovationsprozesse externalisiert. Für diese externen Innovationsprozesse finden Unternehmen in Clustern entsprechende humane und soziale Ressourcen. Die spezifische nur im regionalen Clustern vorhandene Wissensdiffusion, das clusterspezifische Kommunikationsmilieu und die clusterspezifischen Innovationsmuster fördern unabhängig vom einzelnen Unternehmen clusterspezifische humane und sozialen Ressourcen.

Die Ambivalenzen der Entwicklung von Arbeit, Technologie und Wettbewerbsfähigkeit werden durch regionale Cluster nicht aufgehoben, sie können aber gemildert werden. Die Gradwanderung zwischen einerseits nachhaltiger Förderung der humanen und sozialen Ressourcen und andererseits den kurzfristigen Marktorientierung sowie dem Zeit- und Kostendruck kann in einem regionalen Cluster etwas besser gelingen. Durch die soziale Gemengelage im Cluster und den spezifischen sozialen Beziehungen und Entscheidungsmustern entstehen dann die eigentlichen Wettbewerbsvorteile für die Clusterakteure, gegenüber Konkurrenten, die nicht in einem regionalen Clusters agieren können.

Mit der Verschiebung der Ambivalenzen zwischen der Notwendigkeit der nachhaltigen Förderung von humanen und sozialen Ressourcen sowie kurzfristigen Marktorientierungen in den regionalen gesellschaftlichen Raum wird die Aufgabe der Arbeitsgestaltung und der Reproduktionsbedingungen teilweise in den regionalen Raum verschoben. Damit geraten Fragen der Gestaltung der Qualität der Arbeit in den Blickwinkel regionaler öffentlicher Akteure, da Unternehmen sich aus diesem Gestaltungsbereich verabschieden beziehungsweise ihre bisherigen Gestaltungsaufgaben ausgegrenzt haben.

Wer aber kann dieses entgrenzte Gestaltungsbereich auffangen? Kann dies eine Aufgabe von Wirtschaftsförderung sein? Dies ist natürlich zunächst einmal angesichts der penetrant leeren öffentlichen Kassen eine scheinbar illusionäre Forderung. Andererseits können die Wirtschaftsförderer in den Städten und Regionen nicht so tun, als gäbe es die neuen Entwicklungen von Arbeit, Technologie und Wettbewerbsfähigkeit nicht. Antworten und Lösungsinstrumente auf diese Fragen sind noch nicht entwickelt. Arbeitsentwicklung in Regionen wird noch nicht konsequent aus der Perspektive des grundlegenden Wandels von Arbeit und Technologie gesehen.

IV. Förderung regionaler Cluster als ein Mittel der regionalen Arbeitsgestaltung

Die Förderung regionale Cluster ist eine Möglichkeit, der durch den Wandel von Technologie und Arbeit notwendigen Anforderung einer humanen und innovativen Arbeitsgestaltung in der Region gerecht zu werden. Die Frage dabei lautet wie die begrenzten öffentlichen Ressourcen so einzusetzen sind, dass ein möglichst großer Wettbewerbsvorteil für den Standort erzielt wird. Die Clusterperspektive, wie wir sie in Kapitel II. dargestellt haben, zeigt auch, dass Cluster nicht künstlich zu bilden oder zu steuern sind.

1. Förderungskriterien

Regionale Cluster mit funktionierenden Innovationsmustern sind Ergebnisse langjähriger durch die Unternehmen des Clusterkerns sowie durch die wirtschaftlichen Akteure der direkten Infrastruktur selbstgesteuerter Prozesse. Die Lebendigkeit und die Dynamik der sozialen Ressourcen eines Clusters können gerade nur im selbstgesteuerten Prozess der Clusterakteure entstehen und lebendig gehalten werden. Staatliche Interventionsversuche, Cluster zu bilden, schlagen in der Regel fehlt (vgl. Porter 1999). Eine inhaltlich-thematische Steuerung durch die Politik hilft selten weiter (vgl. Fritsch 2000). Entscheidend sind die von den wirtschaftlichen Akteuren selbst produzierten und kontinuierlich weiterentwickelten Ressourcen in regionalen Cluster (vgl. Kujath 1998).

Die öffentliche Förderung regionale Cluster als regionale Arbeitsgestaltung sollte eine begleitende Kontext- und Imageförderung sein. Kriterien für eine solche Förderung sollten unter anderem sein:

- *Fördern, was die Clusterakteure nicht selbst realisieren können, was aber Ihre Wettbewerbs- und Handlungschancen stärkt.*

  Da ein regionales Cluster in der Regel ein sehr lose gekoppeltes soziales System ist und gerade in dieser losen Kopplung die Dynamik und das Innovationspotenzial des Clusters liegt, kann das Cluster bestimmte allgemeine Aufgaben wie Clusterinformationen nach innen oder Imagewerbung kaum wahrnehmen.

- *Die nachhaltige Qualität der Prozesse fördern, nicht kurzfristige Quantität.*

  Erfolgreich sind wirtschaftliche Prozesse, wenn sie auf die Qualität der vorhandenen Ressourcen basieren beziehungsweise wenn sie nachhaltig neue Qualitäten entwickeln. Im Billiglohnsektor ist Deutschland kaum konkurrenzfähig. In hochwertigen Technologieprodukten aber auch in einem hochwertig gestalteten Prozess in der Einfachproduktion liegen Standortvorteile, die gepflegt und ausgebaut werden sollten. Dabei sind unter dem Gesichtspunkt des Wandels der Technologien und der Arbeit sowie dem damit verbundenen globalen Konkurrenzkampf um die knappen humanen und sozialen Ressourcen die Qualitätsfaktoren der Region zu identifizieren, zu pflegen, auszubauen und darzustellen.

- *Fördern was sozialstaatliche Aufgabe ist und was marktorientierte Akteure zur Realisierung einer hohen Qualität der Arbeit nicht leisten.*

  Grundlegende Anforderungen an eine humane, gesunde und qualitativ hochwertige Arbeitsgestaltung sind beispielsweise *in den* Unternehmensgrenzen durch ein umfassendes System rechtlicher Bestimmungen abgesichert. Für die Gestaltung der Arbeit im regionalen Raum gibt es derartige normative Regelungen nicht. Das hat Vorteile, da der Gestaltungsrahmen größer ist, dass hat aber auch Nachteile, da ein Orientierungsrahmen für hochwertige regionale Arbeitsgestaltung fehlt.

2. Mögliche Aktivitäten für clusterfreundliche Kontextbedingungen

Konzeptioneller und gedanklicher Ausgangspunkt der regionalen Wirtschaftsförderung sollte der Wandel der Technologie und der Arbeit in der Wissensökonomie sein. Gerade in diesem Wandel liegt eine Gestaltungschance. Die Turbulenzen und Umbrüche von Technologie und Arbeit, deren Auswirkungen erst heute langsam spürbar sind, erlauben eine offensive regionale Arbeitsgestaltung, die die Wettbewerbsfähigkeit des Standortes insgesamt fördert. Im Rahmen dieser Turbulenzen und Umbrüche können Regionen vorhandene Stärken stabilisieren und neue Handlungsfelder öffnen. Dies wird aber nur mit einer offensiven Gestaltungspolitik gelingen, die auch die Perspektive regionaler Cluster mit berücksichtigt.

Im Folgenden haben wir als Diskussionsgrundlage einige Anregungen für eine regionale Arbeitsgestaltung zur Förderung regionaler Cluster zusammengetragen:

- *Kernkompetenzen identifizieren* – In der Regel kennt eine Region ihre Cluster nicht. Das bedeutet aber, dass die eigentlichen Kernkompetenzen einer Region nicht bekannt sind. Hier wäre es der erste Schritt für eine regionale Arbeitsgestaltung, die regionalen Cluster überhaupt erst einmal zu identifizieren.

- *Vorhandene Ressourcen stärken* – In allererster Linie sollten die vorhandenen Stärken und Ressourcen gefördert werden. Es hat in der Regel wenig Wirkung mit hohem Aufwand neue High-Tech-Branchen anzulocken und die vorhandenen Stärken und Potenziale zu ignorieren. Zunächst einmal sollten vorhandene regionale Cluster stabilisiert, gefördert und unterstützt werden. Erst danach sollten besondere gezielte Anreize für Akteure in Schlüsseltechnologien und wissensintensiven Dienstleistungen (zum Beispiel Computer/Software, Umwelttechnologie, Halbleitertechnik, Biotechnologie, soziale Dienstleistungen, Finanzdienstleistungen, Medien/Werbung, Unterhaltung/Freizeit) erfolgen. Aber auch hier sollte gezielt und konzentriert und nicht nach dem Gießkannenprinzip vorgegangen werden. Es empfiehlt sich, an vorhandenen regionalen Ansätzen in diesen Bereichen anzuknüpfen.

- *Regionale Cluster in der Region sichtbar machen* – Auch die Clusterakteure selbst nehmen sich nicht als regionales Cluster wahr. Regionale Cluster besitzen in der Regel nur eine geringe Identität. Die identifizierten Cluster sollten deswegen in der Region vorgestellt werden, damit die Akteure ein Selbstwertgefühl als regionales Cluster bekommen. Dabei sollte die Innovationsmöglichkeiten und der Nutzen der Cluster dargestellt werden. Diese Sichtbarmachung des regionalen Cluster sollte informell erfolgen. Den Versuchen, Cluster über gesteuerte Kooperationen, Vereine oder ähnliche Zusammenschlüsse zu formalisieren, ist eher skeptisch zu begegnen.

- *Regionale Cluster national und global sichtbar machen* – Regionale Cluster betreiben in der Regel keine Imagewerbung. Die Region allerdings sollte mit den vorhandenen Stärken offensiv werben, um die regionalen Cluster aufzuwerten und „bedeutend" zu machen. Dies hat mehrere Funktionen: es stärkt das Image und die Identität der gesamten Region, es bindet die vorhandenen Akteure der Cluster an den Standort, es verdeutlicht neuen Unternehmen und Wissensarbeitern aus den Produktions-

und Leistungsbereichen des regionalen Clusters die Attraktivität und die spezifischen Stärken des Standortes und motiviert sie so, in die Region zu kommen.

- *Kontinuierlich Informationen über das regionale Cluster sammeln* – Wirtschaftsförderung unterstützt die sozialen Ressourcen des Cluster, wenn sie kontinuierlich Informationen über Entwicklungen im Cluster sammelt und an die Clusterakteure weitergibt. Dies ermöglicht einen schnellen Informationsfluss, eine bessere Marktübersicht und trägt dazu bei, Innovationsmuster des Clusters zu stabilisieren und zu fördern.

- *Qualität der Selbststeuerung der Clusterakteure fördern* – Die Unternehmen des Clusterkerns konzentrieren sich in der Regel auf die direkte Produkt und Leistungserstellung in ihrem Marktsegment. Sie haben wenig Energien, um die regionalen Umfeldbedingungen in den Blick zu nehmen und zu gestalten. Andererseits nutzen sie ihren Referenzen entsprechend Angebote, die ihrer Unternehmensentwicklung förderlich sind. Die Region kann gemeinsam mit den Akteuren des Clusterkerns Bedarfe analysieren und entsprechende Angebote aufbauen. Zu fördern sind solche Angebote, die die Qualität der Selbststeuerung der Akteure des Clusterkerns und ihrer direkten Infrastruktur verbessert. Dazu kann zum Beispiel gehören:

  - Qualität der sozialen Beziehungen fördern durch Aufbau von Foren, Veranstaltungen oder Treffpunkten, in denen Clustermitglieder zusammenkommen, gemeinsam ihre Erfahrungen austauschen und neue Entwicklungen kennen lernen können.
  - Spezielle Transport- und Kommunikationssysteme fördern und schaffen in Abstimmung mit den Clusterakteuren.
  - Aus- und Weiterbildungsangebote für fachliche Entwicklungen im Clusterbereich nach dem Bedarf der Clusterakteure.
  - Förderung unabhängiger Prüf-, Zulassungs- und Bewertungsverfahren für Produkte und Leistungen des Clusters.
  - Abbau von bürokratischen Verwaltungsstrukturen.

- *Lebens- und Reproduktionsqualität der Region als Standortfaktor entwickeln und darstellen* – Die Lebens- und Reproduktionsqualität von Regionen gewinnt aus mehreren Gründen in der Wissensökonomie an Bedeutung:

  - Weiche Standortfaktoren wie Wohn-, Umwelt-, Erholungs- oder Freizeitqualität werden wichtiger für die Bindung von Unternehmen und für die Attraktivität eines Standortes für Unternehmen.

- Die wachsende Bedeutung weicher Standortfaktoren von Regionen gilt zunehmend nicht nur für die Unternehmer selbst, sondern auch für die qualifizierten Wissensarbeiter, um die die Unternehmen werben.
- Die zunehmende Intensivierung der Arbeit mit den wachsenden psychischen Belastungen erfordert hochwertige Reproduktionsbedingungen, die für die Arbeitsproduktivität sowie für die Leistungsfähigkeit und -bereitschaft der Beschäftigten einer Region relevant werden.
- Entgrenzte Arbeit findet zunehmend im Wohn- und Freizeitbereich statt. Die Qualität der Gestaltung dieses Bereiches gewinnt für die neuen entgrenzten Arbeitsformen die gleiche Bedeutung, wie es für die traditionelle Arbeit die Gestaltung des Arbeitsplatzes im Unternehmen besaß.

Diese neuen Anforderungen an die Lebens- und Reproduktionsqualität einer Region sind bei der Förderung clusterfreundlicher Kontextbedingungen mit zu berücksichtigen. Diese Themen sind bisher schon im Focus der Wirtschaftsförderung und Regionalentwicklung allerdings weniger abgeleitet aus dem Begründungszusammenhang des Wandels von Technologien und Arbeit.

Eine Region sollte also national und global nicht nur die Cluster der Region bekannt machen, sondern auch die Lebens- und Reproduktionsqualität der Region aus dem Begründungszusammenhang der neuen Arbeitsbedingungen sichtbar machen. Auch dies hat wiederum den Effekt, sowohl die vorhandenen Cluster zu stabilisieren als auch neue Akteure anzusprechen und in die Region zu holen.

Diese Anregungen zur Förderung regionaler Cluster zeigen einige mögliche Perspektiven für regionale Handlungsfelder auf. Der Wandel der Arbeit mit seinen fundamentalen Auswirkungen auf die Struktur, die Inhalte, die Form und den Ort der Arbeit müssen auch zu einem Wandel der regionalökonomischen Handlungskonzepte führen. Die Perspektive des regionalen Clusters auf wirtschaftliche Entwicklungen ist ein hilfreiches Konstrukt, Ressourcen in der Region unter den neuen sozio-ökonomischen Bedingungen wirkungsvoll erkennen und fördern zu können. Indem die Clusterperspektive die Aufmerksamkeit auf ökonomische Produktions- und Leistungs*systeme* mit den impliziten Potenzialen und sozialen Beziehungsgeflechten lenkt, wird sie den neuen unübersichtlichen, entgrenzten und segmentierten Wertschöpfungsprozessen weitestgehend gerecht.

Literatur

Albach, H. (1994): Culture an technical Innovation, Berlin/New York

Baecker, D. (1999a): Die Form des Unternehmens, Frankfurt am Main

– (1999b): Organisation als System, Frankfurt am Main

Baethge, M. (1999): Subjektivität als Ideologie – Von der Entfremdung in der Arbeit zur Entfremdung auf dem (Arbeits-)Markt, in: Schmidt, G. (Hrsg.): Kein Ende der Arbeitsgesellschaft – Arbeit, Gesellschaft und Subjekt im Globalisierungsprozess, Berlin, S. 29–44

Baethge, M./*Baethge-Kinsky,* V. (1998): Der implizite Innovationsmodus: Zum Zusammenhang von betrieblicher Arbeitsorganisation, human ressources development und Innovation, in: Lehner. F./Baethge, M./Kühl, J./Stille, F. (Hrsg.): Beschäftigung durch Innovation, München/Meringen, S. 99–154

Baptista, R./*Swann,* P. (1998): Do firms in clusters innovate more? In: Research Policy, 27, S. 525–540

Bathelt, H./*Glückler,* J. (2002): Wirtschaftsgeographie – ökonomische Beziehungen in räumlicher Perspektive, Stuttgart

Bauer, S. (1996): Perspektiven der Organisationsgestaltung, in: Bullinger, H.-J./ Warnecke, H. J. (Hrsg.): Neue Organisationsformen im Unternehmen, Berlin/ Heidelberg S. 87–118

BIBB/IAB-Erhebung 2001; siehe Biersack

Biersack, W./*Dostal,* W./*Parmentier,* K./*Plicht,* H./*Troll,* L. (2001): Arbeitssituation, Tätigkeitsprofil und Qualifikationsstruktur von Personen des Arbeitsmarktes, Beiträge zur Arbeitsmarkt und Berufsforschung, BeitrAB 248, Nürnberg

Bierter, W./*Brödner,* P. (1998): Zukunftsfähiges Wirtschaften und Re-Regionalisierung von Wertschöpfungsprozessen, in: Bosch, G. (Hrsg.): Zukunft der Erwerbsarbeit, Frankfurt/New York, S. 140–163

Blättle-Mink, B. (1997): Elemente einer sozioökonomischen Theorie der Innovation, in: Blättle-Mink, B./Renn, O. (Hrsg.): Zwischen Akteur und System – die Organisation von Innovation, Opladen, S. 19–38

Bond, J. T./*Galinsky,* E./*Swanberg,* J. E. (1997): The 1997 national Study of the Changing Workforce, New York

Brödner, P. (2002): Flexibilität, Arbeitsbelastung und nachhaltige Arbeitsgestaltung, in: Brödner, P./Knuth, M. (Hrsg.): Nachhaltige Arbeitsgestaltung, München/Meringen, S. 489–542

Bullinger, H.-J. (Hrsg.) (1997): Dienstleistungen für das 21. Jahrhundert – Gestaltung des Wandels und Aufbruch in die Zukunft, Stuttgart

Castells, M. (2001): Der Aufstieg der Netzwerkgesellschaft, Opladen

Cernavin, O. (2001): Prävention fördert nachhaltige Wertschöpfung in: DLR-Projektträger des BMBF „Arbeitsgestaltung und Dienstleistungen" (Hrsg.): Arbeitsschutz im Wandel, Bonn, S. 22–33

Cernavin, O./*Lemke-Goliasch,* Peter (2001a): Occupational Health and Social Resources. In: International Journal of Occupational Safety and Ergonomics, 7 Number 4, S. 543–560

Cernavin, O./*Luczak,* H./*Scheuch,* K./*Sonntag,* K. (2001b): Arbeitsschutzforschung als Innovation – Eine Bilanzierung von 20 Jahren Arbeitsschutzforschung, in: Luczak, H./Rötting, H. (Hrsg.), Scheuch, K./Sonntag, K./Cernavin, O.: Forum Arbeitsschutz, Bremerhaven S. 9–74

Coleman, J. S. (1995): Grundlagen der Sozialtheorie, Band 1: Handlungen und Handlungssysteme, München/Wien

DIHT – Deutscher Industrie- und Handelstag (2001): Zukunftsperspektiven der deutschen Industrie, Bonn/Berlin

Dostal, W. (2001): Veränderungen im Betrieb und ihre Auswirkungen auf die persönliche Arbeitssituation, in: Dostal, W./Parmentier, K./Plicht, H./Rauch, A./ Schreyer, F.: Wandel der Erwerbsarbeit: Qualifikationsverwertung in sich verändernden Arbeitsstrukturen, BIBB/IAB-Erhebung, Beiträge zur Arbeitsmarkt und Berufsforschung, BeitrAB 246, Nürnberg S. 115–146

Draft, R./*Legal,* R. H. (1984): Information Richness, in: Straw, B. M./Cummings, L. L. (Hrsg.): Research in organizational behavior, Band 6, Seite 191–234

Dreher, C./*Kinkel,* S. (2000): Die Bedeutung der regionalen Basis für Globalisierungsentscheidungen von kleinen und mittleren Unternehmen. in: Hirsch-Kreinsen, H./Schule, A. (Hrsg.): Standortbindungen, Berlin, S. 29–60

Dybe, G./*Kujath,* H. J. (2000): Hoffnungsträger Wirtschaftscluster, Berlin

Eggers, T./*Kirner,* E. (2002): Arbeit in einer vernetzten und virtualisierten Wirtschaft, in: Brödner, P./Knuth, M. (Hrsg.): Nachhaltige Arbeitsgestaltung, München, Meringen, S. 123–188

European Foundation of the Improvement of Living and Working Conditions (2001): Ten years of working conditions in the European Union, (www.eurofound.ie/publications/files/3712EN.pdf)

Freiling, T./*Martin,* H. (2002): Struktureller Wandel im Handwerk in: Kiel, U./Kirner, E. (Hrsg.): Formen innovativer Arbeitsgestaltung in Unternehmen und öffentlichen Einrichtungen, München/Meringen, S. 101–116

Frieling, E./*Sonntag,* K.(1999): Lehrbuch Arbeitspsychologie, (2. Aufl.) Bern/Göttingen/Toronto/Seattle

Fritsch, M. (2000): Möglichkeiten zur Verbesserung regionaler Innovationsprozesse, in: Hirsch-Kreinsen, H./Schulte, A. (Hrsg.) (2000): Standortbindungen, Berlin, S. 103–128

Granovetter, M. (1985): Economic Action an Sozial Structure: in: The American Journal of Society 91, S. 481–510

Grabow, B./*Henckel,* D./*Hollbach-Gröming,* B. (1995): Weiche Standortfaktoren, Stuttgart/Berlin/Köln

Hamel, G./*Prahalad,* C. K. (1997): Wettlauf um die Zukunft, Wien

Hirsch-Kreisnen, H. (1996): Restrukturierung von Unternehmen – Ziele Formen und Probleme dezentraler Organisation, in: Lutz, B./Hartmann, M./Hirsch-Kreinsen, H. (Hrsg.): Produzieren im 21. Jahrhundert, Frankfurt/New York

Hirsch-Kreinsen, H./*Schule,* A. (2000): Standortentscheidungen zwischen Globalisierung und Regionalisierung, in: Hirsch-Kreinsen, H./Schule, A. (Hrsg.): Standortbindungen, Berlin, S. 9–28

Hochwaldt, J. (2001): Koevolutionäre Kooperationsverbünde als regionales Innovationsarrangement, in: Hochwaldt, J./Kopp, R./Flocken, P. (Hrsg.): Kooperationsverbünde und regionale Modernisierung, Wiesbaden, S. 21–28

Hoffmann, E./*Walwei,* U. (2000): Strukturwandel in der Erwerbsarbeit: Was ist eigentlich noch „normal"? IAB Kurzbericht Nr. 14/2000

Jansen, R. (2000): Arbeitsbedingungen, Arbeitsbelastungen und Veränderungen auf betrieblicher Ebene (BIBB/IAB-Erhebnung), in: Dostal, W./Jansen, R./Parmentier, K. (Hrsg.): Wandel der Erwerbsarbeit: Arbeitssituation, Informatisierung, berufliche Mobilität und Weiterbildung, Beiträge zur Arbeitsmarkt und Berufsforschung, BeitrAB 231, Nürnberg

Kastner, M./*Kipfmüller,* W./*Quaas,* W./*Sonntag,* K./*Wieland,* R. (Hrsg.) (2001): Gesundheit und Sicherheit in Arbeits- und Organisationsformen der Zukunft, Bremerhaven

Kern, H./*Schumann,* M. (1984): Das Ende der Arbeitsteilung? – Rationalisierung in der industriellen Produktion, München

Klotz, U. (1999): Informationsarbeit und die neuen Regeln der Ökonomie, in: Eichendorf, W. et al. (Hrsg.): Arbeit und Gesundheit. – Jahrbuch 2000, Wiesbaden, S. 41–58

Kujath, H. J. (1998): Regionen im globalen Kontext, in: Kujath, H. J. (Hrsg.): Strategien der regionalen Stabilisierung, S. 13–40

Läpple, D. (1998): Globalisierung – Regionalisierung: Widerspruch oder Komplementarität, in: Kujath, H. J. (Hrsg.): Strategien der regionalen Stabilisierung, S. 61–82

Lehner, F./*Baethge,* M./*Kühl,* J./*Stille,* F. (1998): Beschäftigung durch Innovation: Perspektiven und Ansätze für eine strukturelle Erneuerung von Wirtschaft und Arbeit in Deutschland, in: Lehner. F./Baethge, M./Kühl, J./Stille, F.: Beschäftigung durch Innovation, München/Meringen, S. 463–492

Lehner, F./*Nordhausen-Janz,* J. (1998): Beschäftigung und Innovation: Strategische Optionen im globalen Strukturwandel, in: Lehner, F./Baethge, M./Kühl, J./Stille, F.: Beschäftigung durch Innovation, München/Meringen, S. 59–98

Luhmann, N. (1984): Soziale Systeme 5. Auflage (1994), Frankfurt am Main

– (2000): Organisation und Entscheidung, Opladen

Malik, F. (2000): Strategie des Managements komplexer Systeme, 7. Auflage, Bern/Stuttgart/Wien

Malmberg, A./*Maskell,* P. (2001): The Elusive Concept of Localization Economics, Meeting of Association of American Geographers 2001, New York (liegt als Kongress-Paper vor)

Mangold, K. (Hrsg.) (1997): Die Zukunft der Dienstleistungen – Fakten – Erfahrungen – Visionen, Wiesbaden

McK – McKinsey (2002): Cluster, McK Wissen 01 Heft 1. Jahrgang 2002 Hamburg

Moldaschl, M. (2001): Herrschaft durch Autonomie – Dezentralisierung und widersprüchliche Arbeitsanforderungen, in: Lutz, B. (Hrsg.): Entwicklungsperspektiven von Arbeit, Deutsche Forschungsgemeinschaft, Berlin, S. 132–164

Münch, R. (1998): Globale Dynamik, lokale Lebenswelten, Frankfurt am Main

Ostermann, P. (1999): Security Prosperity; The American Labor Market: How is it changed and what to do about ist, Princeton

Picot, A./*Reichwald,* R./*Wigand,* R. T. (1996): Die grenzenlose Unternehmung, Wiesbaden

Porter, M. E. (1986): Wettbewerbsvorteile, Frankfurt/New York

– (1993): Nationale Wettbewerbsvorteile, München

– (1999a): Cluster und Wettbewerb: neue Aufgaben für Unternehmen, Politik und Institutionen, in: Porter, M. E. (Hrsg.): Wettbewerb und Strategie, München, S. 207–302

Projektgruppe „Alltägliche Lebensführung“ (Hrsg.) (1995): Alltägliche Lebensführung – Arrangements zwischen Traditionalität und Modernisierung, Opladen

Rehfeld, D. (1998): Unternehmensstrategien zwischen Regionalisierung und Globalisierung, in: Kujath, H. J. (Hrsg.): Strategien der regionalen Stabilisierung, S. 41–60

Reichwald, R./*Höfer,* C./*Weichelsbaumer,* J. (1996): Erfolg von Reorganisationsprozessen, Stuttgart

Reichwald, R./*Möslein,* K./*Sachenbacher,* H./*Engelberger,* H./*Oldenburg,* S. (1998): Telekooperation – Verteilte Arbeits- und Organisationsformen, Berlin/Heidelberg

Schamp, E. W.: (2000a): Vernetzte Produktion, Darmstadt

– (2000b): Die Stabilität regionaler Unternehmenscluster – Ergebnisse wirtschaftsgeografischer Forschung, in: Hirsch-Kreinsen, H./Schule, A. (Hrsg.): Standortbindungen, Berlin 2000, S. 61–102

Schmierl, K. (2000): Standorsicherung und territoriale Einbettung im Einfachproduktsektor, in: Hirsch-Kreinsen, H./Schule, A. (Hrsg.): Standortbindungen, Berlin, S. 157–186

Schreyer, F. (2001): „Unsichere Beschäftigung und berufliche Qualifikation – Ein Blick auf die Erwerbsarbeit jenseits des Normalarbeitsverhältnisses, in: Dostal, W./Parmentier, K./Plicht, H./Rauch, A./Schreyer, F.: Wandel der Erwerbsarbeit: Qualifikationsverwertung in sich verändernden Arbeitsstrukturen, BIBB/IAB-Erhebung, Beiträge zur Arbeitsmarkt und Berufsforschung, BeitrAB 246, Nürnberg S. 147–172

Shaiken, H. (1993): Beyond lean production, Stanford law and policy review (5(1), S. 41–52

Stangel-Meseke, M. (1994): Schlüsselqualifikationen in der betrieblichen Praxis, Wiesbaden

Stehr, P. (2001), Wissen und Arbeit, Frankfurt

Sternberg, R./*Behrendt,* H./*Seeger,* H./*Tamàsy,* C. (1996): Bilanz eines Booms. Wirkungsanalyse von Technologie- und Gründungszentren in Deutschland. Dortmund

Triemer, A./*Rau,* R. (2001) Positives Arbeitserleben, Fb 907 Schriftenreihe der Bundesanstalt für Arbeitsschutz und Arbeitsmedizin, Bremerhaven

Troll, L. (2000): Die Arbeitsmittellandschaft in Deutschland im Jahr 1999, in: Dostal, W./Jansen, R./Parmentier, K. (Hrsg.): Wandel der Erwerbsarbeit: Arbeitssituation, Informatisierung, berufliche Mobilität und Weiterbildung, Beiträge zur Arbeitsmarkt und Berufsforschung, BeitrAB 231, Nürnberg S. 125–150

Volkholz, V./*Köchling,* A. (2002): Arbeiten und Lernen, in: Brödner, P./Knuth, M. (Hrsg.): Nachhaltige Arbeitsgestaltung, München/Meringen, S. 431–488

Weick, K. E. (1996): Der Prozess des Organisierens, Frankfurt am Main

Wengel, J./*Lay,* G./*Pekruhl,* U./*Maloca,* S. (2002): Verbreitung innovativer Arbeitsgestaltung, München/Meringen

Willke, G. (1999): Die Zukunft unserer Arbeit, Frankfurt/New York

Willke, H. (1996): Systemtheorie I: Grundlagen, 5. Auflage, Stuttgart

– (1998): Systemisches Wissensmanagement, Stuttgart

Materials Valley – Rhein-Main

Ein Cluster für Materialforschung und Werkstofftechnologie

Von Wulf Brämer

I. Einleitung

Bei Diskussionen mit ausländischen Geschäftsfreunden über die Region „Rhein-Main" nehmen als wirtschaftliche Aktivitäten im Rhein-Main Gebiet die der Börse, Banken, Verkehr (Fraport) und generell der Dienstleistungen einen besonderen Stellenwert ein. Diese Einschätzung ist selbstverständlich auf Grund der hohen wirtschaftlichen Bedeutung dieser Wirtschaftsaktivitäten berechtigt, doch die Tatsache, dass alle anderen Aktivitäten in der Region den Dienstleistungen so untergeordnet werden, dass sie für Außenstehende fast nicht mehr erkenntlich sind, führt zu einer Schieflage hinsichtlich des Images der Region, die sie sich langfristig nicht leisten kann. Erst die Synthese aus Dienstleistung und den Aktivitäten des produzierenden Gewerbes ergibt die Ertragskraft für die Region, die sie benötigt, um global eine wichtige Rolle im Konzert der Industrieregionen zu spielen.

Wie aus den ersten Ausführungen erkenntlich, sind heutzutage Industrieregionen im Gegensatz zu den nationalstaatlichen Industrielandschaften, die zum Ende des 19. Jahrhunderts und in der ersten Hälfte des 20. Jahrhunderts vorherrschend waren, die Zentren für die Kreierung von Wissen und damit verknüpft von Wirtschaftskraft und politischer Bedeutung. Diese Entwicklung ist durch die mehr und mehr global wachsenden und sich vernetzenden Informations- und Logistikstrukturen bedingt. Dem aufmerksamen Beobachter der Wirtschaft im Rhein-Main Gebiet bleiben zudem die gravierenden Veränderungen nicht verborgen, die tagtäglich im Finanzgewerbe und in der Industrie zum Nachteil der Region stattfinden. Die Bedeutung der großen Banken, die nahezu ein halbes Jahrhundert weltweit die Wirtschaftskraft der Region und des Landes symbolisierten, schwindet oder deren Entscheidungszentren werden in andere Regionen verlagert. Konzerne wie die Hoechst AG werden zerschlagen, IBM, Mainz, steht vor der Schließung der Werkstore und die Zentrale der Degussa AG wird nach Düsseldorf verlegt. Parallel dazu schließen die Rating-Agenturen Standard&Poors, Moody's und Fitch eine Herabstufung der Bundesrepublik Deutschland hinsichtlich ihrer Kreditwürdigkeit? nicht mehr aus. Selbstverständlich entstehen auch neue Institutionen und Industrieunternehmen, doch der Verlust dieser weltbekannten Firmen für die Region Rhein-Main führt zwangsläufig zu einem Imageverlust, der nur langfristig durch Neugründungen und Neuansiedlungen ausgeglichen werden kann.

Der Verein *Materials Valley e. V.*, auf Initiative der Industrie am 25.2.2002 bei Fa. Schott Glas in Mainz gegründet, hat sich die Aufgabe gestellt, dieser Erosion des Wirtschaftslebens entgegenzuwirken.

1. Materialien beeinflussen die Evolution des Homo Sapiens

Der Begriff „materia" stammt aus dem Lateinischen und ist die Basis für die in der Technik gebräuchlichen Begriffe „Material" und „Stoff". Interessant ist die Verknüpfung zum Wortstamm „mater (Mutter)" und weiterhin zum altindischen Wort „matar" gleicher Bedeutung. Diese linguistischen Verknüpfungen zeigen, dass das Wort „Material" sehr tief im Wortschatz der Menschheit verwurzelt ist, was wiederum auf die starke Verbindung des Menschen während seiner Evolution mit den verschiedensten Stoffen und Technologien hindeutet. Bezeichnend für diese innige Verbindung ist die Benennung der uns bekannten Epochen der menschlichen Entwicklung nach Werkstoffen und Technologien. Wir sprechen von der „Steinzeit, Bronzezeit, dem Zeitalter der Dampfmaschine, des Computers und der Nano- und Biotechnologie". Die Aera des „Automobils, Flugzeugs und der Informationstechnologie" stehen für die noch nie dagewesene Mobilität des Menschen und für die in ihrer Breite noch nie beobachtete Lebensqualität.

2. Werkstofftechnologie – eine High Tech-Branche

Die neunziger Jahre des 20. Jahrhunderts wurden durch die „New Economy" an den Börsen der Welt bestimmt. Inhalt dieser Börsenrenner waren Aktien von Unternehmen, die auf den Gebieten der Biotechnologie, der IT-Technologie und Life Science tätig sind oder waren. Zur „Old Economy" gehörten dagegen Unternehmen, die auf dem Gebiet der Materialien und Werkstofftechnologie agieren. Diese Trennung zwischen „New und Old Economy", die von Analysten der Finanzwelt besonders aus ökonomischen Gründen propagiert wurde, konnte von Naturwissenschaftlern und Ingenieuren nicht nachvollzogen werden. Leider waren deren Stimmen in diesem Getöse nicht zu vernehmen. Ohne Materialien und Werkstofftechnologien sind Entwicklungen auf den Gebieten der Bio-, IT-Technologie und Life Science nicht möglich (Abbildung 1). „Alte Werkstoffe" mutieren oft

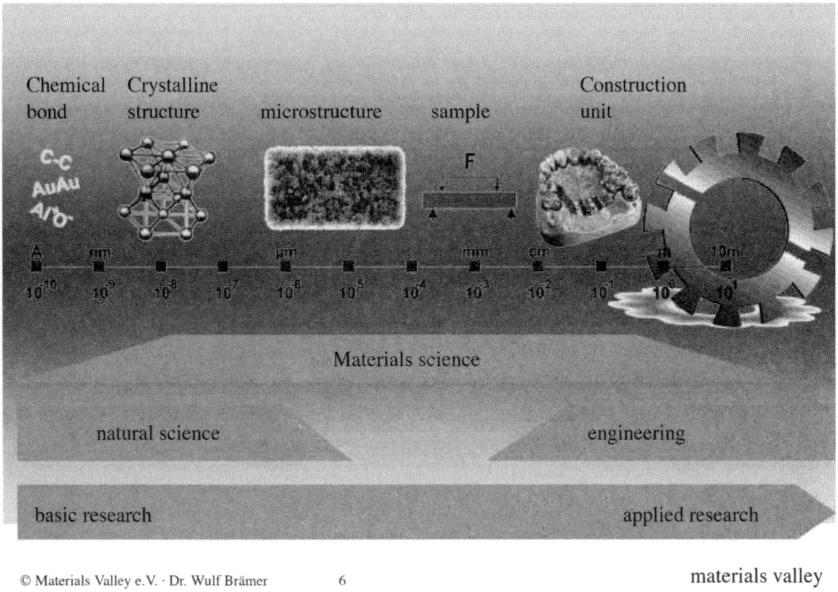

Abbildung 1: Materialwissenschaft: Bandbreite von der Grundlagenforschung bis zur Angewandten Forschung (nach Petzow).

unter neuen Randbedingungen zu High Tech-Produkten. Gold, seit tausenden Jahren ein beliebter Werkstoff des Menschen für die Herstellung von Schmuck oder sakralen Gegenständen und somit ein „Alter Werkstoff", ist in Form von Bonddrähten mit 20 µm Durchmesser in der Halbleitertechnologie derzeit ein High Tech-Produkt. Auf Grund dieser Situation ist von großem Vorteil, dass diese allein durch die Finanzmärkte bestimmte Argumentationsweise in sich zusammengebrochen ist. Parallel ist es ein glücklicher Umstand, dass einige dieser jungen Firmen so solide finanziert sind und eine so feste technologische Basis besitzen, dass sie in Zukunft prosperieren werden. Ungeachtet dieser Zeiterscheinungen benötigt die Wirtschaft einen kontinuierlichen Strom von Firmenneugründungen, doch deren Produktportfolio und Finanzierung müssen solide mit einer langfristigen Perspektive gestaltet sein und dürfen nicht den Gesetzen der Börsenspekulation unterliegen (Abbildung 2).

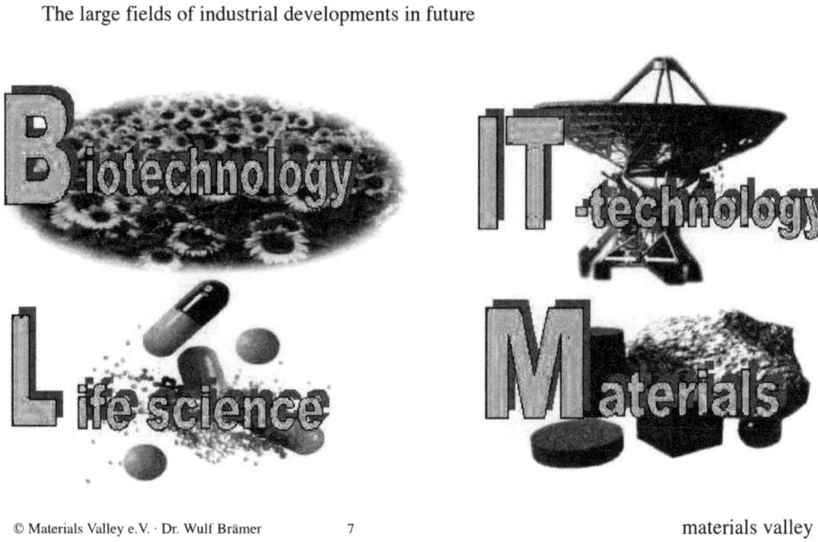

Abbildung 2: Materialien und Werkstofftechnologie: Eines der großen vier Felder der industriellen Entwicklung in der Zukunft.

3. Definition des Clusters

Der Begriff „Cluster" stammt aus dem angelsächsischen Sprachraum und lässt sich ins Deutsche mit „Zusammenballung oder Häufungsstelle" übersetzen. Zunächst wurde dieser Begriff in der Chemie für die Bezeichnung von Verbindungen angewandt, die in der Regel aus einem oder mehreren Zentralatomen bestehen, um die herum eine Vielzahl weiterer Atomgruppen (Liganden) angeordnet sind. Dabei ist wesentlich, dass die Zentralatome mit den Liganden in enger Wechselwirkung stehen. Wird ein Atom aus diesem Verband herausgebrochen, so zerfällt das Molekül (Cluster), verliert seine chemischen Eigenschaften und damit seine Existenz. Dieses Bild wurde auf die regionale Ansiedlung von sich gegenseitig beeinflussenden und miteinander wechselwirkenden Industriebetrieben übertragen. Bevor der Begriff „Cluster" populär wurde, gab es selbstverständlich schon weltweit viele Industrie-Cluster (Abbildung 3). Als Beispiel seien die antiken metallurgischen Zentren in Persien und Cypern genannt, wo der Bergbau mit einer hochstehenden metallverarbeitenden Industrie verknüpft war.

In neuerer Zeit entstand das Ruhrgebiet, wo der Energieträger Kohle die Voraussetzung für die Eisen- und Stahlerzeugung ist. Charakteristisch für das Wirtschaftsleben in einer solchen Region ist, dass sich durch Eigen-

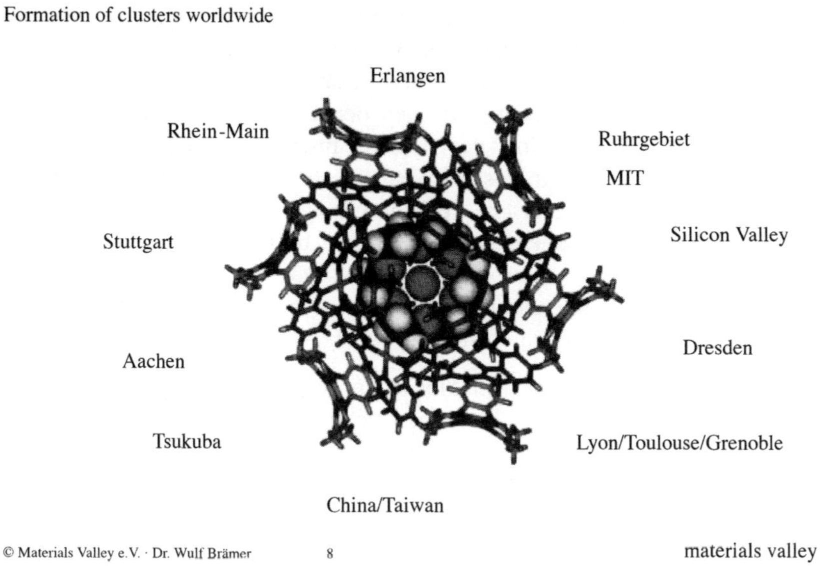

Abbildung 3: Beispiele für weltweite Cluster-Bildung auf dem Gebiet der Materialtechnologie.

initiative der Mitarbeiter aus bestehenden Unternehmen neue, mit den ursprünglichen Unternehmen konkurrierende Firmen abspalten. Der aus dieser Situation entstehende Wettbewerb führt oft zur Reduktion der Preise für die Kunden, zur Optimierung der Produkte und zu Neuentwicklungen. Vorteilhaft für die Region ist, dass das Know-how der Mitarbeiter durch den Zwang, die konkurrierenden Unternehmen zu überflügeln, wächst, dass sich neue High Tech-Arbeitsplätze bilden und dass die Regionen im globalen Wettbewerb für führende Köpfe so attraktiv wird, dass diese besonders gerne dort leben und arbeiten. Wichtig ist zudem die Erkenntnis, dass der Begriff „Cluster“ nicht nur das ökonomische Umfeld beschreibt, sondern dass auch das soziale Umfeld für die Mitarbeiter stimmen muss. Dieses umfasst leistungsfähige Schulen und Hochschulen für die Kinder der Mitarbeiter, Theater, Bibliotheken und einen Dienstleistungssektor auf hohem Niveau. Erst wenn sich die Menschen in allen Belangen in einem solchen „Cluster“ wohlfühlen, sind sie bereit, auf ihrem Arbeitsgebiet zum Wohle aller Höchstleistungen zu erbringen.

In neuerer Zeit entstand in Kalifornien das „Silicon Valley“, das Synonym für einen Cluster, der hauptsächlich für Halbleiter- und Softwareindustrie steht. Mit dem gleichen Selbstverständnis, wie die Bürger der USA für sich die führende Position auf dem Gebiet der Technologie reklamieren, müssen Bürger anderer Nationen ihr Wissen in „Clustern“ konzentrieren und im Wettbewerb sichtbar machen. Es besteht ein Wettbewerb innerhalb der Cluster und global gesehen zwischen den Clustern um neue Ideen und die besten Köpfe. Dabei wird „der“ Cluster international das meiste Ansehen genießen, der unter härtesten Wettbewerbsbedingungen die führende technologische und ökonomische Position erlangt. Parallel dazu werden die Menschen, die sich in einem solchen Cluster befinden, den höchsten Lebensstandard besitzen, wodurch die Attraktivität des jeweiligen Clusters noch weiter ansteigt. Interessant ist, dass in den seltensten Fällen Cluster durch staatliche Verfügungen entstehen.

Vielmehr ist die Initiative von Menschen gefragt, deren hervorstechende Eigenschaften darin bestehen, Menschen für Technologie, ja für neue Ideen zu begeistern. Ein Cluster ist *keine* Institution, sondern das *gelebte Miteinander von Menschen mit ähnlichen aber konkurrierenden Zielen.* Wie in einem chemischen Cluster das Zentralatom „attraktiv“ auf seine Liganden wirkt, so bedarf es zur Bildung eines industriellen Clusters Menschen, die das vorhandene geistige und technische Potential aufnehmen und bündeln. Den Cluster bilden also „Menschen“ und nur zu einem *geringen* Anteil „Institutionen“.

II. Situation der Materialtechnologie in der Region Rhein-Main

Aus ihrer Doppelfunktion als heilkundliche wie auch alchimistische Experimentierküche wurden oft in der Industrialisierungsphase des 19. Jahrhunderts Apotheken die Keimzelle für die chemische Industrie. In diesem Zusammenhang sind in der Rhein-Main-Region die Unternehmen Merck in Darmstadt und Heraeus in Hanau exemplarisch zu nennen. Diese Konzerne sind, auf einem soliden technologischen und ökonomischen Fundament stehend, beispielhaft für den immer erneuten Aufbruch in neuartige Technologien und die Erschließung neuer Märkte in den modernen Bereichen der anspruchsvollen Materialkunde und der technologisch innovationsreichen Werkstofftechnik (Abbildung 4).

Angeregt durch die Erfolge dieser Firmen haben sich durch artverwandte Wettbewerbsgründungen in Form von Ausgliederungen oder Übernahmen eine Vielzahl neuer Konzerne gebildet. In diesem Zusammenhang seien exemplarisch die global agierenden Unternehmen wie Degussa, Vakuumschmelze, Schott, Dunlop, Veritas, ALD Vacuum Technologies, Schunk, Singulus, umicore, Applied Films, Ferro, Freudenberg, Linde, SGL-Carbon und IBM genannt (Abbildung 5).

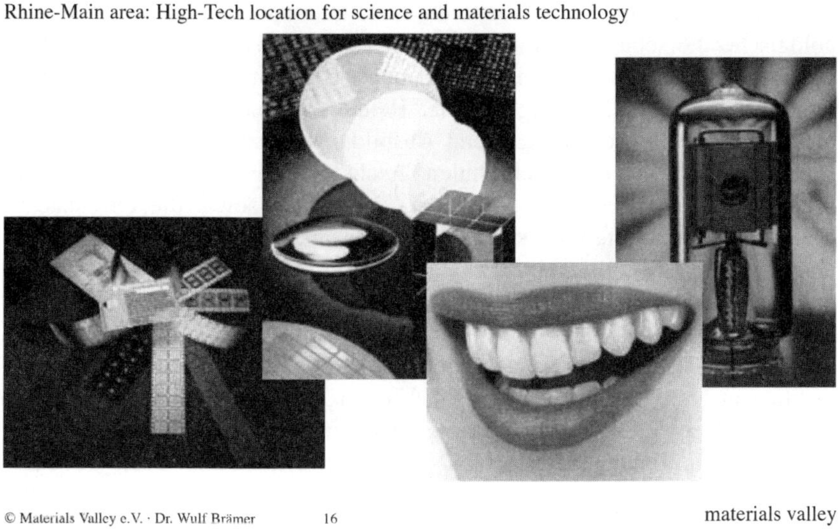

Abbildung 4: Rhein-Main: Standort für Forschung und industrielle Umsetzung auf dem Gebiet der Werkstofftechnologie.

Abbildung 5: Unternehmen im Materials Valley mit High Tech-Potential (auszugsweise).

Tiefe und Vielfalt kennzeichnen die materialkundliche und werkstofftechnologische Forschung und Entwicklung an den Hochschulen und Forschungseinrichtungen der Region. An den sieben Universitäten Darmstadt, Frankfurt, Giessen, Marburg, Mainz, Heidelberg und Kaiserslautern existieren kompetente Forschungs- und Ausbildungseinrichtungen in der Materialforschung. Die Fachhochschulen Aschaffenburg, Bingen, Darmstadt, Frankfurt, Giessen/Friedberg, Koblenz, Wiesbaden sowie die Offenbacher Hochschule für Gestaltung stellen die angewandte Forschung und Ausbildung in den Mittelpunkt. Die Materialforschung bildet zudem einen Schwerpunkt des Fraunhofer Institutes für Betriebsfestigkeit, des Deutschen Kunststoff Institutes, der Max Planck Institute, des Instituts für Mikrotechnik, der Gesellschaft für Schwerionenforschung sowie weiterer Forschungsinstitute in Höhr Grenzhausen, Idar-Oberstein, Rheinbreitbach und Kaiserslautern. Diese Vielzahl von international anerkannten Unternehmen und Forschungseinrichtungen deckt mit ihrem Know-how und ihrem Produktportfolio nahezu die gesamte Palette der Werkstofftechnologie, ausgehend von den Polymer- über Keramik- bis zu den Nichteisenmetallwerkstoffen, ab (Abbildungen 6a und 6b). Einsatzgebiete der in der Region erzeugten Produkte sind vor allem die Fahrzeugtechnik und der Automobilbau, die Medizintechnik, der Maschinenbau, die Optik, die Werkstofftechnik und die Gebäudetechnik. Darüber hinaus finden das Wissen und die Produkte Eingang in der IT-Technologie, Energie- und Textiltechnik.

Diese, durch den Rahmen bedingt, sehr gekürzte Aufzeichnung des werkstofftechnologischen Potentials zeigt dessen große Bedeutung für die Region Rhein-Main und das hervorragende Fundament für den zukünftigen Ausbau des „Materials Valleys". Diese Entwicklung wird zudem in korrespondierender Weise durch die HA Hessen Agentur, IMG Innovations-Management GmbH, Mainz, Bayern Innovativ GmbH, den Materialforschungsverbund der TU-Darmstadt (MatFoRM), das IHK-Forum Rhein-Main etc. gefördert.

III. Der Mensch im Cluster

Wie schon in den Kapiteln zuvor angedeutet müssen staatliche Institutionen für das Entstehen eines prosperierenden Clusters ein geeignetes Umfeld schaffen, aber die Tatsache, dass ein Cluster entsteht und seine zukünftige Vitalität werden durch Menschen mit Know-how und Eigeninitiative bedingt. Durch Wettbewerb, Kommunikation und Kooperation, Eigenschaften, die sich unter diesen Bedingungen interessanterweise nicht ausschließen, sind diese Menschen in der Lage, selbst Höchstleistungen zu erbringen und Mitmenschen in ihrem Umfeld dazu zu animieren. Da die Materialfor-

Range of technology fields

vacuum, solar, thin film, coating technologies

dental, crystal growth, electrochemical technologies

© Materials Valley e.V. · Dr. Wulf Brämer 18 materials valley

a)

Range of technology fields

rubber polymers

dental materials

precious metals

special glasses

grafite

fuel cells

glass fibers

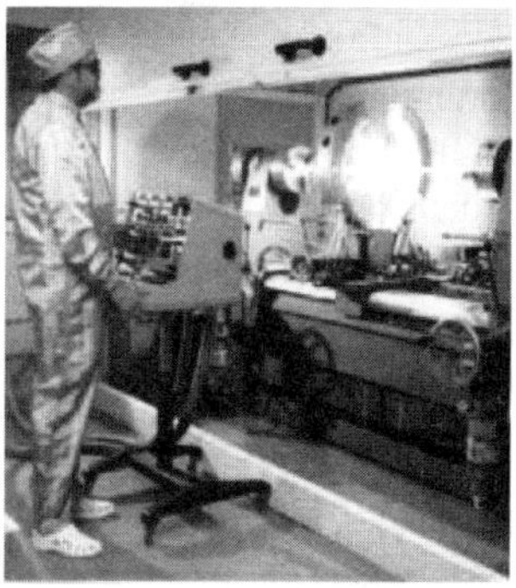

quartz

catalysts

gases

liquid crystals

electronic materials

coating materials

magnetic materials

metal powders

nanomaterials

© Materials Valley e.V. · Dr. Wulf Brämer 17 materials valley

b)

Abbildung 6: Beispiele für die Vielzahl der Arbeitsfelder, die im Materials Valley von Unternehmen bearbeitet werden.

schung das gesamte Tätigkeitsfeld von der Grundlagenforschung bis zur Angewandten Forschung und der nachfolgenden wirtschaftlichen Umsetzung umfasst, muss es das Ziel sein, Menschen mit unterschiedlicher technologischer Veranlagung für diese vielschichtige Materie zu gewinnen. Um diesen Zustand zu erreichen, muss in den Schulen der Region mit Hilfe eines auf hohem Niveau stehenden naturwissenschaftlichen und praxisnahen Unterrichtsplans das Interesse der Schüler geweckt werden.

Gleichzeitig ist in der Bevölkerung über populärwissenschaftliche Veröffentlichungen und entsprechende Veranstaltungen eine Akzeptanz für die Technologie zu erwirken, durch die Ängste vor unbekannten Techniken abgebaut werden. Damit wird zudem einigen die Allgemeinheit irritierenden politischen Richtungen von vornherein der Wind aus den Segeln genommen. Auf diese Weise wird ein soziales Umfeld geschaffen, das selbstverständlich nicht nur aus Technik bestehen sollte, das aber für unsere werkstofftechnologisch ausgerichteten Hochschulen und Unternehmen ein vorzügliches Fundament bildet. Parallel dazu benötigt ein solcher Cluster einen kontinuierlichen „Input" neuer Ideen von außen. Dazu bedarf es der Anwerbung von exzellenten Fachleuten aus allen Regionen der Welt. Diese Elite ist nicht nur in der Lage, neue Ideen in die Cluster zu integrieren, sondern sie ziehen besonders als Hochschullehrer auch hochgebildete Studenten und Fachkräfte aus der ganzen Welt in unsere Region. Auf diese Weise werden enge Verbindungen zu Clustern anderer Regionen geknüpft, wodurch der Wissensstand und die weltweiten wirtschaftlichen Verknüpfungen deutlich optimiert werden. Die auf diesem Weg geschaffene „Elite" ist eine wesentliche Grundvoraussetzung für das Entstehen und die Prosperität des werkstofftechnologischen Clusters „Materials Valley".

Selbstverständlich leben die Spitzenkräfte und Fachleute in den Hochschulen, Instituten und Unternehmen nicht nur von ihren beruflichen Zielen. Vielmehr müssen das politische und soziale Umfeld stimmen. Neben den ökonomischen und apparativen Bedingungen im beruflichen Umfeld spielen die Ausbildungsmöglichkeiten der Kinder eine ganz entscheidende Rolle. Die Pisa-Studie hat unter diesem Gesichtspunkt eine verheerende Auswirkung für unser Land. Gleiches gilt für die Möglichkeiten der beruflichen Tätigkeit für Ehepartner der angesiedelten Spitzenkräfte. Auch die Schließung von Theatern, Museen etc. wirken kontrapunktiv. Als Fazit ist zu konstatieren, dass das Umfeld für die Menschen in einem Cluster „stimmen" muss.

IV. Ziele des Vereins „Materials Valley e.V.“

Der Verein „Materials Valley e.V.“ hat sich zum Ziel gesetzt, das in der Region Rhein-Main vorhandene materialtechnische Know-how zu bündeln und Anstoß zu dessen weiterem Ausbau zu geben (Abbildung 7). Wird das Verständnis für die materialtechnologische Forschung und werkstofftechnologische Industrie dagegen nicht geweckt, so besteht die Gefahr, dass es zu einer weiteren Erosion auf diesem Arbeitsfeld in Hochschulen und Industrie kommt. Es besteht zudem die Gefahr, dass die Region in die Zweitklassigkeit abgleitet und damit die Arbeitslosigkeit für viele qualifizierte Arbeitnehmer steigt. Der Verein möchte mit Hilfe von *Workshops*, deren Themen im Gegensatz zum internationalen Konferenzwesen von den verschiedensten Industrieunternehmen vorgegeben werden, die interessierten Unternehmen mit den Hochschulen, Instituten und anderen Unternehmen verknüpfen. Dabei soll die Elite der Industrie, die auf vielen Konferenzen oft in einer passiven Rolle verharrt, in eine agierende Position gebracht werden. Gespräche mit Hochschullehrern zeigen oft das große Interesse an den Themen der Industrie, da sich aus diesen Fragestellungen oft neue Themen für die Grundlagenforschung ergeben. Diese Workshops sollen zudem dazu dienen, zwischen allen beteiligten Wirtschaftsbeziehungen anzubahnen. Um

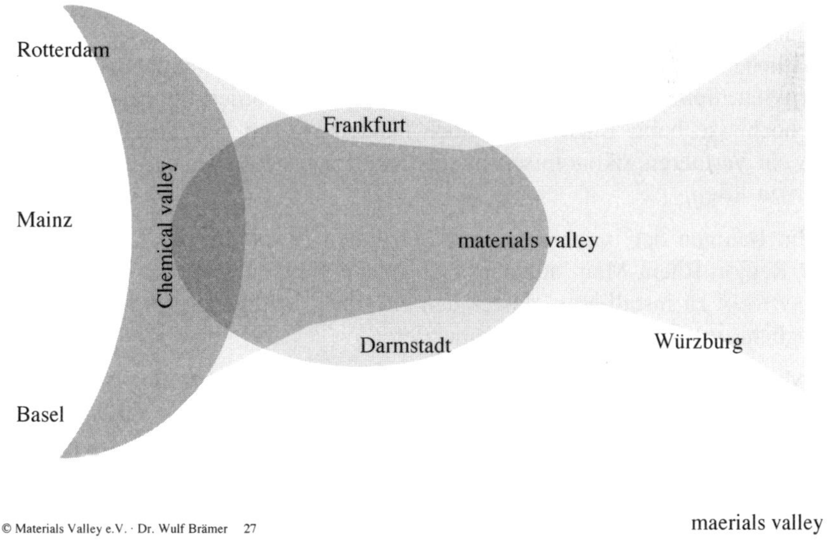

Abbildung 7: Region Rhein-Main: Schnittpunkt wichtiger europäischer Industrieregionen

das während den Veranstaltungen gewünschte Fluidum zu schaffen, werden die Workshops in der Regel in den Unternehmen abgehalten.

Um auch dem mittleren Management der Unternehmen der Region eine Bühne für Information und Kommunikation zu bieten, findet in den Wintermonaten die Vortragsreihe „*Materialforum Rhein-Main*" statt. An 8 Vortragsabenden werden bis zu 24 Vorträge zu aktuellen materialkundlichen Fragestellungen von Referenten aus Industrie und Hochschule gehalten. Die nahezu 1000 Gäste haben nach den Referaten die Möglichkeit, im Rahmen eines Imbisses vertiefende Fachgespräche zu führen und Kontakte zu knüpfen. Durch diese Aktivitäten soll auch das „*Interdisziplinäre Denken und Handeln*" in den Firmen/Hochschulen, zwischen den Firmen und zwischen Firmen und Hochschulen gefördert werden. Oft ist es für ein Unternehmen nicht sinnvoll, eine Entwicklung im eigenen Haus nachzuvollziehen, wenn die Ergebnisse bei anderen Institutionen oder Firmen schon vorliegen. In einem solchen Fall erscheinen oft Kooperationen sinnvoller zu sein. Die Tatsache, dass die *Technologie-Fördergesellschaften* im Vorstand des Vereins aktiv vertreten sind, zeigt das Bestreben der Länder, ihre Maßnahmen zur Technologieförderung durch den Verein wirksam werden zu lassen.

Ein weiteres wichtiges Anliegen des Vereins ist die Forschungsförderung in Anlehnung an US-amerikanische Vorbilder durch *„Private Sponsoring"*. Dabei werden Themen der Industrieunternehmen, die ein breites wissenschaftliches Potential besitzen, in Zusammenarbeit mit einer Hochschule oder einem Forschungsinstitut sehr kurzfristig bearbeitet. Die an diesen Forschungsprojekten beteiligten Unternehmen loben im Gegensatz zu den staatlichen Förderprogrammen den geringen „Papieraufwand" und die Effektivität. Selbstverständlich sind die ausgelobten Fördermittel derzeit nicht so hoch wie beim BMBF etc., doch handelt es sich bei dieser Förderung um ein Verfahren, ökonomisch interessante Fragestellungen in relativ kurzer Zeit zu lösen.

Im Rahmen der beschriebenen Maßnahmen ist es weiterhin das Ziel, in der Region Rhein-Main auf dem Gebiet der Materialtechnologie ein *Alumninetzwerk* zu installieren, das es den einzelnen Mitgliedern des Vereins ermöglicht, mit Kollegen zu kommunizieren.

Mit Hilfe der Technologie Stiftung Hessen GmbH hat der Verein das *Internetportal www. materials-valley-rheinmain.de* aufgebaut, das nicht nur eine Präsentation des Vereins darstellt, sondern für einen Besucher ein Werkzeug ist, mit dessen Hilfe er über einen Kompetenzatlas die Internetportale der Unternehmen des „Materials Valleys" erreichen kann. Damit ist unser Internetportal ein Hilfsmittel für alle Interessierten, die mit den werkstofftechnologisch orientierten Institutionen und Unternehmen der Region kommunizieren möchten.

V. Fazit

Materials Valley steht für Kompetenz in Materialforschung und Werkstofftechnik. Die Förderung der Materialwissenschaften im Rhein-Main-Gebiet hat sich der Verein Materials Valley e.V. zur Aufgabe gemacht. Im Gegensatz zu Aktivitäten in anderen Regionen der Welt, wo neue Technologiestandorte aus dem Nichts mit großem Erfolg auf der „Grünen Wiese" aufgebaut werden, besitzt das hiesige Materials Valley ein exzellentes materialtechnologisches Fundament in der Wissenschaft und Industrie. Dieses Fundament besteht aus gut ausgebildeten Arbeitskräften und dem zeitgemäßen technologischen Stand des Equipments.

Es wäre Hybris aller Verantwortlicher, wenn dieses Potential nicht zum Wohle der hiesigen Bevölkerung genutzt würde. Der Verein Materials Valley e.V. will in diesem Kontext seinen Beitrag leisten, um der Materialtechnologie im Materials Valley-Rhein-Main eine Spitzenposition zu geben.

Cluster und Netzwerke als Werkzeuge der regionalen Entwicklungspolitik

Eine Kritik am Beispiel der Rhein-Main-Region

Von Eike W. Schamp

Jede Epoche hat ihre eigenen catchwords, Schlagworte, die eine neue Sicht der Dinge versprechen und mit ihr möglicherweise auch den Weg, wie einige der wichtigen Probleme der Epoche gelöst werden können. Diese Begriffe gewinnen ihre Kraft in der Diskussion durch ihre Eingängigkeit, ihre so plausible Erklärung, auch wenn die dahinter stehenden theoretischen Konzepte durchaus noch diffus und wenig empirisch getestet sein können. Ohne Zweifel gehören Cluster und Netzwerk heute zu dieser Kategorie von Begrifflichkeiten, von denen man erwarten darf, dass sie zur Bewältigung einiger gravierender regionalpolitischer Probleme beitragen. In ihrer Entwicklung zurück gebliebene Regionen bedürfen, da alte Politiken offensichtlich nicht zum Aufholen geführt haben, neuer Konzepte. Im Zeitalter des Wettbewerbs stehen best practice und schnelle Imitation von best practice hoch im Kurs: Was liegt da näher, als auf erfolgreiche Regionen zu schauen und die Wege nachzuahmen, die – nach der Analyse von Experten – zu ihrem Erfolg geführt zu haben scheinen. „Erfolg" meint in diesem Sinne neue Produkte, neue Verfahren und neue Organisationsformen, die insgesamt zur Hebung des regionalen Wohlstands beigetragen haben. Innovationen stehen damit im Vordergrund. Daher wird im Allgemeinen die schiere Kostensenkung auf regionaler Ebene ausgeschlossen.

Aber auch bereits erfolgreiche Regionen sehen sich heute zunehmend in einem „Wettbewerb" mit anderen, noch erfolgreicheren. Sie fürchten um den langfristigen Bestand ihres erzielten Wohlstandes und suchen ebenfalls nach neuen Konzepten, im Wandel zu bestehen. Die ökonomische Integration sowohl in der Weltwirtschaft – die wir als Globalisierung bezeichnen – als besonders auch in Europa – durch die Bildung des Binnenmarktes und der Währungsunion, deren Wirkung wir Europäisierung nennen können – setzen auch erfolgreiche Regionen unter einen zunehmenden Anpassungsdruck. Tatsächlich beobachten die Regionalwissenschaften im zusammenwachsenden Europa eine zunehmende Spezialisierung der Regionen auf bestimmte ökonomische Aktivitäten und zugleich eine neue Zunahme der regionalen Wachstumsdifferenzen (zuletzt Puga 2002). Eine Möglichkeit, die Spezialisierung von Regionen zu erklären, liegt in der zunehmenden Bedeutung von Clustern; diese werden als geographische Konzentration von untereinander verbundenen Unternehmen und Branchen verstanden. Eine Möglichkeit, den Wettbewerbsvorteil für Unternehmen im Cluster vor denjenigen außerhalb des Clusters zu erklären, liegt im Konzept des Netzwerkes, dessen unbezahlbare Vorzüge die Flexibilität von Unternehmen, ihre Innovativität und gelegentlich auch ihre Kostenersparnisse fördern. „Unbezahlbar" ist hier wörtlich gemeint: als Leistungen zwischen wirtschaftlichen Akteuren, die keinen Marktpreis haben und daher bei gegenseitigem Austausch auch keine (direkten) Kosten verursachen.

Unter einem „Wettbewerb der Erfolgreichen" stehen in Europa zunehmend urbane Regionen. Seit langem werden wenige große Stadtregionen in Europa als Wachstumsmotoren für eine dynamische europäische Wirtschaft und als „Innovationsinseln" verstanden (EU 1994). Hier bündeln sich die input-Faktoren für die Innovationstätigkeit, wie Beschäftigte in den Forschungs- und Entwicklungsabteilungen der Industrie oder die Beschäftigten in wissensintensiven Dienstleistungen sowie die öffentlichen Forschungseinrichtungen und Hochschulen, aber hier konzentrieren sich auch die output-Indikatoren der Innovationstätigkeit wie z. B. die Patentanmeldungen. Wenige urbane Stadtregionen scheinen damit über einen hervorragenden Zugang zu Informationen und zum besten Wissen zu verfügen, bündeln wichtige Beschaffungs- und Absatzmärkte und bieten die wichtigen physischen Infrastrukturen, die Zugang „zur Welt" durch ihre Verkehrsknoten gewähren. Eine Reihe ganz unterschiedlicher neuer theoretischer Zugänge versucht diese Bedingungen genauer zu erfassen, zu erklären sowie für die regionalpolitische Gestaltung nutzbar zu machen (z. B. Krugman 1991, Veltz 1996, Scott 2001). Ihnen ist gemeinsam, dass sie von einer urbanen Region sprechen, da die Kernstädte schon lange nicht mehr alleine in der Lage sind, die mit der Funktion einer Innovationsinsel verbundenen Aufgaben zu erfüllen.

Im folgenden Beitrag will ich die Konzepte des Clusters und der Netzwerke als mögliche neue tools, als Werkzeuge der regionalen Wirtschaftspolitik für diesen Fall einer bislang recht erfolgreichen urbanen Region, dem Rhein-Main-Gebiet, diskutieren und mache dabei aus meiner insgesamt recht skeptischen Sicht kein Hehl. Zunächst geht es dabei um das Konzept des Clusters. Ganz offensichtlich handelt es sich dabei um die Vorstellung, dass Unternehmen derselben oder auch verschiedener Branchen untereinander durch ökonomische (und teilweise nicht-ökonomische) Beziehungen verknüpft sind. Das ist aber auf den ersten Blick kein regionales Konzept, und so wäre zunächst das Verhältnis zwischen einem Cluster und einer gegebenen Region abzuklären. Dies soll in Abschnitt I. geschehen. Im folgenden Abschnitt wird ein Versuch unternommen, die gegenwärtig im Rhein-Main-Gebiet bestehenden ökonomischen Cluster zu bestimmen. Hier besteht kein Anspruch auf Vollständigkeit, da bislang für das Rhein-Main-Gebiet noch keine Analyse erstellt wurde. Abschnitt III. wird die Schwierigkeiten aufzeigen, die sich mit einer Nutzung des Konzepts des Clusters für die aktuelle wirtschaftspolitische Gestaltung ergeben. Ein besonders wichtiger und interessanter Gegenstand politischer Gestaltung wäre die Initiierung von neuen, zukunftsversprechenden Clustern in einer Region. Hier könnten nun Netzwerke als Instrumente hilfreich sein. Der Abschnitt IV. wird daher die Funktion und Bedeutung von Netzwerken in der Region debattieren. Unter bestimmten Bedingungen scheint in der Tat das Instrument des networking, d.h. der Bildung und des Managements von Netzwerken, zu einem zentralen Bestandteil regionaler Wirtschaftspolitik zu werden. Wobei man nicht behaupten kann, dass dieses Instrument bereits voll verstanden wäre (vgl. z.B. Müller u.a. 2002). Im letzten Abschnitt V. wird ein Versuch unternommen, zu einer Beurteilung von Cluster und Netzwerk als Instrumente regionaler Wirtschaftsgestaltung in der Rhein-Main-Region zu kommen.

Die Region Rhein-Main bietet in diesem Zusammenhang ein interessantes Untersuchungsfeld. Sie gehört zu den wenigen urbanen Innovationsinseln in Europa. Im deutschen Vergleich steht sie an dritter Stelle, nach München und Stuttgart (Specht 1999, Gehrke/Legler 2001). Sie ist zwar im europäischen Vergleich relativ klein, das aber macht sie überschaubarer für eine Analyse. Sie ist recht wirtschaftsstark, aber die Quellen ihres Wohlstandes scheinen zunehmend zu vertrocknen. Die Einzelheiten ihrer ökonomischen Struktur müssen hier nicht debattiert werden; das geschieht an anderer Stelle (Esser/Schamp 2001, Schamp 2001a, 2001b, Felsenstein u.a. 2003). Was aber ist die Rhein-Main-Region? Von der Unterschiedlichkeit der Antworten zeugen schon so verschiedene Begriffe wie der sehr traditionelle des Rhein-Main-Gebietes, der hier verwendete „Kunstbegriff" der Rhein-Main-Region, oder der jüngst kreierte Begriff der Region Frankfurt/Rhein-Main. Über ihre Grenzen besteht kein Konsens: Manche erkennen zwei verschiedene Regionen, nämlich die Region Frankfurt/Rhein-Main sowie die Region Starkenburg. Die lange Geschichte der politischen Versuche zur Einigung ist bekannt – allerdings immer auf die hessischen Teile, nicht auf die rheinland-pfälzischen oder bayrischen Teile bezogen (vgl. z.B. Falger 2001). Für die zunächst diskutierten analytischen Zwecke scheint diese Debatte irrelevant: Ökonomische Beziehungen halten sich nicht an administrative Grenzen und dehnen ihre Reichweite zudem mit dem Wachstum einer urbanen Region stetig aus. Die Diskussion um Grenzen und Name wird daher im Weiteren auch nicht geführt, der Begriff der Region Rhein-Main als ein „neutraler" bzw. regionalökonomischer verstanden, der sowohl

Frankfurt als auch Starkenburg umschließt. Für wirtschaftspolitische Konsequenzen ergeben sich jedoch möglicherweise erhebliche Probleme aus der politisch-administrativen Situation.

I. Cluster in der Stadtregion

Der Begriff des Clusters ist nicht zuletzt wegen seiner definitorischen Unschärfe zu einem geflügelten Wort in der Regionaldebatte geworden. Gleichzeitig zu seiner Entwicklungsgeschichte seit Erscheinen von Porter's Buch über die „Wettbewerbsfähigkeit der Nationen" (1991) werden unter anderem Konzepte des „Industriedistrikts", des „innovativen Milieus", der „new industrial spaces" oder des „lokalisierten Produktionskomplexes" diskutiert (vgl. Martin/Sunley 2001, Brenner 2002). Diese Konzepte überlappen teilweise in ihrem Bezug auf dieselben Analyse-Dimensionen, weil sie zusammen auf Marshall's (1890) Diskussion von Industriedistrikten (im 19. Jahrhundert) zurückgeführt werden können (Martin/Sunley 2001, S. 9).

Interessant ist die Erweiterung, die Porter selbst seinem Konzept hat angedeihen lassen: Während es ursprünglich dazu diente, ein neues Konzept der Außenwirtschaftstheorie vorzulegen (Porter 1991), hat Porter später (1999) das Cluster auf regionale Entwicklung erweitert und dabei den Industriedistrikt als einen Spezialfall integriert. Sowohl in der Regionalökonomie (z. B. zuletzt Steinle/Schiele 2002) als auch der Wirtschaftsgeographie (zuletzt Moßig 2002) und der Regionalpolitik (Rehfeld 1999, Bruch-Krumbein/Hochmuth 2000, Krätke/Scheuplein 2001) wird das Cluster-Konzept bis in die jüngste Zeit ausführlich diskutiert.

Diese kurze Entwicklungsgeschichte des Konzeptes lässt bereits vermuten, dass „viele Köche" unter dem „Rezept" etwas sehr Unterschiedliches verstehen. Eine Gesamtwürdigung des Konzeptes wäre sicher reizvoll, ist hier aber nicht möglich und liegt im Übrigen bereits vor (Martin/Sunley 2001). Für die Prüfung der Frage, inwieweit es ein Instrument der regionalen Wirtschaftspolitik in Stadtregionen sein kann, soll ein kurzer Blick auf drei Eigenschaften von Clustern, die zugleich Problemfelder sein können, genügen. Diese können auch als Fragen an die regionalpolitische Verwertbarkeit des Konzeptes verstanden werden; d. h., es geht uns hier nicht direkt um die retrospektive Erklärungskraft von offensichtlich zunehmenden regionalen Spezialisierungsprozessen. Die Fragen können kurz mit „welche Spezialisierungsvorteile", „wie" und „wo funktionieren sie" bezeichnet werden.

Welche Cluster sind besonders attraktiv für eine urbane Region? In der Porter'schen Vorstellung gründen Cluster auf zwischen-betrieblichen Wertschöpfungsketten, die in einem systemischen Zusammenhang spezielle Wettbewerbsvorteile nur für die Unternehmen schaffen, die im Cluster sind.

Da jedes Unternehmen in irgendeine Wertschöpfungskette eingebunden ist, müssen im Cluster besondere Vorteile wie z.B. ein spezieller lokaler Arbeitsmarkt, die Existenz unterstützender Branchen, informelle und formelle Kooperation etc. gegeben sein. Der systemische Zusammenhang ist umso komplexer, je länger die Wertschöpfungskette ist. Damit bestimmt die Länge der Wertschöpfungskette bzw. der Grad der Arbeitsteilung zwischen Unternehmen die ökonomische Bedeutung eines Clusters. Für die Regionalentwicklung könnte man daraus ableiten, dass hoch komplexe Wertschöpfungsketten größere Potentiale bieten als gering komplexe.

Nun sind Wertschöpfungsketten nicht direkt Gegenstand der regionalpolitischen Vorsorge. Vielmehr geht es i.a. um Arbeitsplätze und Steuerkraft. Diese werden vor allem in den Teilen einer Kette vermutet, die die höchste Wertschöpfung aufweisen. Die Frage wendet sich also zu einem doppelten Problem: Kann man „gute" von „schlechten" Clustern unterscheiden (Hassink 1997)? Soll man ganze Cluster bevorzugen, was die Idee der systemischen Vorteile betont, oder nur Teile von Clustern bevorzugen, was eine Selektion von Wertschöpfungsschritten nahelegt?

Wie die externen Vorteile für einzelne Unternehmen in der Wertschöpfungskette entstehen, ist in der wissenschaftlichen Literatur durchaus umstritten. Im Grunde gibt es eine Kontroverse, ob der Wettbewerb (horizontale Dimension nach Malmberg/Maskell 2002) oder die Kooperation (vertikale Dimension) im Cluster die zentrale Rolle für die Bildung systemischer Vorteile inne haben. Während Porter die Bedeutung des Wettbewerbs hervorhebt, haben viele Regionalwissenschaftler vor allem die Vorteile der Kooperation von Unternehmen und der Unternehmens-Netzwerke betont. Dass beide Koordinationsmechanismen in der Wertschöpfungskette gleichzeitig vorkommen, bestreitet niemand. Für die Regionalpolitik bleibt damit jedoch offen, ob man eher Wettbewerb oder eher Kooperation, wann man das eine oder andere fördern soll und wer entsprechende Politiken durchführen soll. Ganz offensichtlich gibt es keine allgemeine Lösung: Gordon/McCann (2000) unterscheiden beispielsweise mit dem klassischen (urbanen) Agglomerations-Cluster, dem Industriekomplex-Cluster und dem Netzwerk-Cluster drei Arten von Clustern, von denen nur der letztere auf dem Kooperations-Modell beruht. Diesen halten beide Autoren allerdings auch für einen selten auftretenden Typ des Clusters. Bleibt noch nachzutragen, dass neue unternehmens-strategische Konzepte der „co-opetition", der Verbindung von Elementen des Wettbewerbs und der Kooperation, eher eine abgewogene Politik vorzuschlagen scheinen.

Wo die externen Vorteile einer Wertschöpfungskette entstehen, hat sich im Lauf der Debatte von der Außenwirtschaftstheorie zur Regionaltheorie stetig verengt. Porter war anfangs in Bezug auf die Reichweite der „geographischen Konzentration" und der „Lokalität" sehr offen. Heute jedoch wird Ko-Präsenz in einem Cluster vielfach in einem engen Regionalzusammenhang verstanden: Selbst Porter (1999) ist dem gefolgt, indem er die Debatte der Industriedistrikte in seine Cluster-Vorstellungen zu integrieren suchte. Industriedistrikte bestehen in Italien, dem „Ursprungsland" des Konzeptes, in Kleinstädten und ländlichen Siedlungen, deren Wirtschaft sich auf die Produktion jeweils eines (Konsum-)Gutes spezialisiert hat (vgl. zusammenfassend Schamp 2000a).

Unter regionalökonomischen Gesichtspunkten entsteht damit das Problem der Verbindung von Clustern und Region (Rehfeld 1999, Krätke/Scheuplein 2001). Es eröffnen sich verschiedene Möglichkeiten:

- Ein erfolgreiches Cluster muss nicht an eine bestimmte Stadtregion gebunden sein. Eine Stadtregion kann vielmehr nur „Teilökonomien" eines Clusters beherbergen, die weniger binnen- als außen-vernetzt sind (Krätke/Scheuplein 2001, S. 33 u. a.). Ko-Präsenz von Unternehmen in einer Stadtregion kann daher nicht ohne weiteres als Indikator für die Existenz eines lokalen Clusters angenommen werden. In unseren eigenen Untersuchungen über die Autoindustrie in der Rhein-Main-Region haben wir eine hohe und teilweise zunehmende Konzentration von Zulieferern und auch Entwicklungs-Ingenieuren festgestellt, die zwar systemisch in der Wertkette der Automobil-Entwicklung verknüpft sind, aber dennoch kein lokales Cluster bilden (Rentmeister 2001).
- Teile eines lokalen Clusters sind höchst „verwundbar", wenn sie von einer oder wenigen *lead firms* in einer durch Nachfragemacht koordinierten, eher als hierarchisch zu bezeichnenden Koordination vertikaler Prozesse in der Wertkette gesteuert werden. Es kann zu kumulativen negativen Effekten für die Stadtregion kommen, wenn die *lead firm* ausfällt. Das jedenfalls wurde für den gesamten Chemiesektor in der Region Rhein-Main befürchtet, als der Höchst-Konzern aufgelöst wurde.
- Erfolgreiche vollständige lokale Cluster, die in der jüngsten Literatur vorgestellt werden, machen nur einen Teil der Ökonomie einer urbanen Region aus. Wie groß dieser ist, lässt sich nur empirisch im Einzelfall bestimmen. Welcher Beitrag zur Gesamtentwicklung eines Raumes geleistet wird, bleibt aber selbst in neueren Cluster-Analysen offen (vgl. Braczyk et al. 1999).

Allerdings hat nichts Bestand auf der Welt; daher sollten die drei angesprochenen Fragen des Konzepts im Hinblick auf seine regionalpolitische Verwendung durch die Frage nach der zeitlichen Gültigkeit ergänzt werden. In der neueren Innovationsforschung haben sich (neo-)schumpeterianische Vorstellungen durchgesetzt, dass es eine langfristige technisch-ökonomische Entwicklung gebe, die von Zyklen bestimmt sei. Hier kommt die Analogie von „Lebenszyklen" ins Spiel. Während die theoretische Diskussion und die empirischen Überprüfungen des Cluster-Konzeptes besonders stark darin sind, die Funktionsweise von erfolgreichen Clustern zu analysieren, besteht noch recht wenig genauere Erkenntnis über die Evolution von Clustern (vgl. Brenner 2002). Evolution meint nicht allein den Enstehungsprozess eines Clusters, sondern auch dessen Verfall und gegebenenfalls Wiederbelebung (vgl. Schamp 2000b, allerdings an einem begrenzten Beispiel im ländlichen Raum).

Auch zu diesem Themenbereich kann hier keine allgemeine Debatte geführt werden – die sich aber durchaus lohnen würde –, doch können einige Problemfelder bezeichnet werden, die sich aus der Erkenntnis eines Lebenszyklus von Clustern ergeben:

Erstens, wie entsteht ein Cluster und kann man seinen Entstehungsprozess anregen oder zumindest gestalten? Wenn ja, mit welchen Instrumenten? Wer ist in der Lage, es zu tun? In der Literatur herrscht vielfach die Meinung, dass Cluster „historisch" gewachsen sind oder dass man zumindest kein Cluster ohne bereits bestehende Ansatzpunkte schaffen kann. Auf die Bedeutung von Netzwerken als einem Instrument der Förderung embryonaler Cluster werde ich weiter unten zurückkommen.

Zweitens, welche Vorteile ergeben sich aus der Entwicklung von Clustern für die betroffene Stadtregion? Wann besteht ein enger Zusammenhang zwischen Cluster und Wohlfahrt der Region? Dies hängt wohl ganz entscheidend von der Größe und Wachstumsgeschwindigkeit eines Clusters ab, doch steht zu vermuten, dass Cluster vor allem erst in ihrer späten Wachstumsphase von erheblicher Bedeutung für die regionale Ökonomie werden können.

Drittens, was bedeutet ein alterndes Cluster für die Stadtregion? In der wissenschaftlichen Diskussion hat die Verankerung eines jungen Clusters in einer Region, das sog. *lock-in,* zunächst eine positive Bedeutung. Aber die neuen Studien über regionale Entwicklungspfade zeigen stärker auf die späteren nachteiligen Folgen, die *lock-ins* bergen. Dazu gehören regionale Starrheiten durch sog. *strong ties* (Grabher 1993), die die Widerstandskraft überkommener Institutionen und Infrastrukturen gegenüber dem notwendigen Wandel deutlich machen. Auch in der praxis-orientierten Debatte regionaler Wirtschafts- und Arbeitsmarktpolitik wird oft hervorgehoben, dass alternde Cluster gerade wegen der lokalen Ko-Präsenz vieler Unternehmen erhebliche Probleme für die betroffene Stadtregion und für eine rechtzeitige Anpassung an geänderte Verhältnisse bereiten. Ein Cluster kann damit zur Belastung werden; nicht allein in alt-industrialisierten Regionen, die durch das Vorherrschen eines einzigen Clusters gekennzeichnet sind, sondern auch in stärker differenzierten urbanen Regionen.

II. Cluster in der Rhein-Main-Region, eine Vermutung

Wie angedeutet, besteht bis heute keine Analyse der Cluster-Struktur der Rhein-Main-Region. Das wäre auch eine ziemlich umfangreiche und komplexe Aufgabe, wie die geringe Anzahl empirischer Studien zur regionalen Ökonomie überhaupt gezeigt haben. Vor einigen Jahren hat Läpple (1999) die ökonomische Struktur der urbanen Region Hamburg mittels eines Cluster-Konzeptes empirisch zu erfassen versucht. Krätke/Scheuplein (2001) haben in ihrer Studie jeweils eines Clusters in Berlin und Brandenburg kürzlich sehr ausführlich die methodischen Schwierigkeiten debattiert, die entstehen, wenn man konkrete Cluster identifizieren und dann messen will. Von ihnen entlehne ich den schönen Begriff der „Cluster-Vermutung", die auf begrenzten empirischen Kenntnissen und einer plausiblen Begründung von Zusammenhängen beruht. Anders als dort sind die folgenden Cluster-Vermutungen für die Rhein-Main-Region allerdings nicht quantitativ abgesichert, sondern nur qualitativ entwickelt. Eine Reihe neuerer empirischer Analysen über die Region stützen jedoch die folgenden Überlegungen.

Für den gegenwärtigen Stand der Cluster-Strukturen in der Region Rhein-Main sind nur solche Branchen von Bedeutung, die gegenwärtig erheblich zu Beschäftigung und Einkommen beitragen. Ausgehend von solchen „starken" Branchen kann man dann die Existenz eines Clusters vermuten, wenn sich lokal verankerte Wertschöpfungsketten rekonstruieren lassen. Wieweit sich diese aber auf die Region beschränken, muss hier offen bleiben. Jedenfalls lassen sich in der Region Rhein-Main gewisse Branchenschwerpunkte bilden, die durch eine Vielzahl von Unternehmen gekennzeichnet sind (z.B. im Finanzsektor, im IT-Sektor); und andere, die zu einem großen Teil von einem einzigen, „fokalen" Unternehmen bestimmt werden, d.h. von einem Unternehmen, das erheblichen Einfluss auf die lokale Wertschöpfungskette ausüben kann. In der Region Rhein-Main kann man dazu Teile der Chemie-Industrie um den ehemaligen Hoechst-Konzern (Becker/Schumm 2001), Teile der Autoindustrie um die Opel AG (Rentmeister 2001) oder auch ein Cluster um die Fraport AG zählen (Bulwien u.a. 1999, Baum u.a. 1999). Die Abbildung 1 ist als ein Versuch zu verstehen, die geographische Verteilung von vermuteten Clustern in der Region Rhein-Main darzustellen.

Eine Übersicht über die technologie-relevanten Cluster in der Region versucht der neue Technologieatlas zu geben (Prognos 2002). Obwohl die Prognos-Autoren den „Großraum Rhein-Main/Starkenburg" als ein zusammengehörendes Techno-Valley bezeichnen (2002, S. 12) und auf „ein (!, Zusatz von mir) regionales Technologiemuster" hinweisen (S. 31), werden die beiden Teilregionen getrennt vorgestellt. Danach verfügt die Region Starkenburg über Cluster in den Bereichen Auto-/Maschinenbau, Medizin/Kosme-

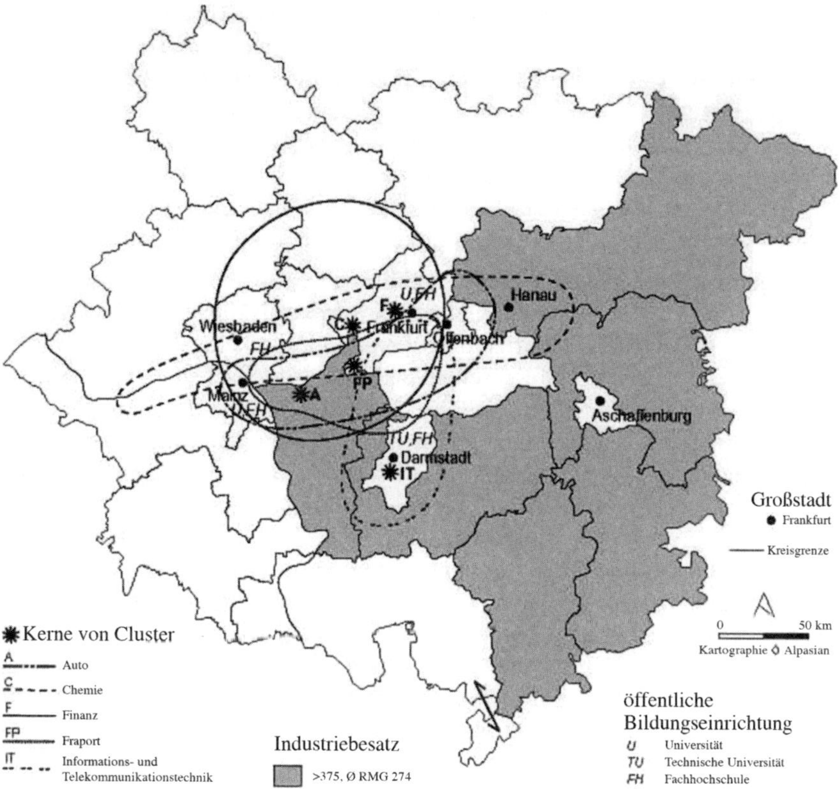

Abbildung 1: Ausdehnung von Clustern in der Region Rhein-Main

tik sowie Software/IuK, während die Region Rhein-Main (mit ihren Schwerpunkten in der Stadt Frankfurt und dem benachbarten Main-Taunus-Kreis) über Pharma/Chemie, Logistik und Finanzdienstleistungen verfügt. Diese Einteilung hätte eine längere Auseinandersetzung verdient. Eine vor längerer Zeit durchgeführte Studie über die Software-Branche in der Region Rhein-Main hat durchaus zwei regionale Technologiepfade erkannt, nämlich einen „technologie-getriebenen" im Raum Darmstadt und einen „markt-getriebenen" im Raum Frankfurt (Schamp 1996). Auch die neuerdings vorgelegte Studie der IHK Darmstadt (2002) und der frühere Bericht von Lentz (2000) belegen die Besonderheit eines wachstumskräftigen IT-Clusters im Darmstädter Raum.

Andererseits sind die in der Prognos-Studie identifizierten Cluster keineswegs auf die jeweilige Teilregion zu begrenzen: Zum Auto-Cluster sind

z. B. unbedingt die vielseitige Zulieferindustrie in Frankfurt sowie die japanischen Entwicklungszentren in der Region zu rechnen; die Pharma-Industrie „streut“ weit zwischen Darmstadt, Frankfurt, Wiesbaden und Ingelheim; der Finanzssektor hat seine verbundenen Unternehmen im Cluster weit verteilt in der gesamten Region Rhein-Main (Lo/Schamp 2001); ebenso der Flughafen und die Fraport AG. Auch wenn der Kern manchen Clusters in der urbanen Region an einzelnen Standorten konzentriert ist, berührt das Cluster als verankerte Wertschöpfungskette weite Teile der Gesamtregion.

Möglicherweise muss an dieser Stelle noch einmal betont werden, dass das Konzept des Clusters ein strukturelles Konzept ist, das von einer gewissen Beständigkeit der identifizierten Wertschöpfungsketten ausgehen muss. Da überrascht dann doch der schnelle Positionswechsel, der von Prognos innerhalb weniger Jahre von 2000 zu 2002 für einzelne Technologieregionen bzw. deren Cluster konstatiert wird. Die Teilregion Rhein-Main ist in dieser kurzen Zeit von Position 15 auf Position 6 im deutschen Vergleich gerückt! Diese Prognos-Aussage verweist eher auf konjunkturelle, kurzfristige Messungen als auf strukturelle. Angesichts der großen Bedeutung des Dienstleistungssektors in der gesamten Region, nicht allein in den Städten (vgl. Felsenstein u. a. 2002), ist die Vermutung von Clustern in der Region auch über den Technologiebereich hinauszuführen. Dann müssten neben einem Finanzcluster (Lo/Schamp 2001) und einem Logistik-Cluster (Prognos 2002) auch die Funktion der Region Rhein-Main als Marktplatz in einem erweiterten Marketing-Cluster erfasst werden, das die Summe von Werbebranche, Marktforschung sowie Messewirtschaft etc. widerspiegelt (Schamp 2001a, Felsenstein u. a. 2002).

III. Cluster-Politik in der Stadtregion?

Angesichts der so weit verbreiteten Verwendung des Begriffs Cluster ist es doch bemerkenswert, wie gering die Anzahl von Studien zur Umsetzung einer regionalen Cluster-Politik in Deutschland ist. Es scheint, dass Cluster-Politiken zunächst dort attraktiv sind, wo es um die Neugründung von gewerblichen Schwerpunkten als Wiederbelebungs-Maßnahme der regionalen Entwicklung in Ostdeutschland geht: Bruch-Krumbein/Hochmuth (2000) diskutieren Cluster-Politiken für die Bereiche der Stahlwirtschaft (Riesa) und der Mikroelektronik (Dresden, Erfurt), Dybe/Kujath (2000) für den Schienenfahrzeugbau (Berlin/Brandenburg), Krätke/Scheuplein (2001) für die Filmwirtschaft (Potsdam) und die Holzwirtschaft (Brandenburg). Festzuhalten ist, dass jeweils ein spezifisches Cluster geprüft wird, nicht aber die Gesamtheit der möglicherweise in der Region vorhandenen Ansätze. Eine wissenschaftliche Analyse von Cluster-Politiken in Stadtregionen ist nicht bekannt, geschweige denn von „Gesamt-Portfolios“ einer Region. Das legt den Gedanken nahe, dass diesen Untersuchungen stärker eine um eine Branche strukturierte als eine regionalwirtschaftliche Perspektive zugrunde liegt. Beide Perspektiven korrespondieren nur dann miteinander, wenn ein einziges Cluster die regionale Wirtschaft dominiert.

Diese Studien sehen übrigens als wichtige Aufgabe der Cluster-Politik eine strategische Orientierung von strukturpolitischen Maßnahmen. Es ist also keine kurzfristige Ziel-Erreichung dieser Politik zu erwarten. Wenn die Wirtschaftsstruktur einer ganzen Stadtregion mit Hilfe der Förderung von Clustern verändert werden sollte, dann kann dies nicht durch die Förderung eines Clusters oder eines Teils eines Clusters geschehen, sondern durch eine strategische Politik in Bezug auf das gesamte Bündel verschiedener Cluster in der Stadtregion. Nimmt man ein bekanntes Werkzeug der strategischen Produktplanung im Mehr-Produkt-Unternehmen zur Hilfe, die Portfolio-Analyse, dann ließe sich unter dem Aspekt unterschiedlicher Lebenszyklen ein Portfolio von Clustern aufstellen, die früher zur regionalen Wohlfahrt beigetragen haben (späte Reife- und Verfallsphase), die gegenwärtig noch erheblich zur Wohlfahrt beitragen (späte Wachstums- und frühe Reifephase) und die Aussichten für die zukünftige Wohlfahrt bieten (Entstehungs- und frühe Wachstumsphase). Allein zur Vorsorge vor Krisen einzelner Cluster wäre eine ausgewogene Mischung erstrebenswert. Folgt man den Cluster-Vermutungen des Abschnitts 3, dann erhält man in der Region Rhein-Main starke Cluster-Teile in der Reifephase – also mit sinkendem Beschäftigungs- und Einkommenseffekt –, aber schwache Cluster in der Entstehungsphase (Abb. 2). Einige Cluster haben in der Vergangenheit erheblich zur Wohlfahrt der Region beigetragen, wirken heute jedoch durch Rationalisierungsmaßnahmen und begrenztes Wachstum eher belastend auf Beschäftigung und Einkommen in der Region. Im Portfolio spiegelt sich die traditionelle Rolle der Region als Industrieregion wider, aber auch die eines „globalen Finanzplatzes", der dem schnellen Strukturwandel des Finanzsystems ausgesetzt ist.

Eine Anwendung des Cluster-Portfolios könnte also zunächst zur Folge haben, in die Entstehung neuer, junger Cluster zu investieren; in der Hoffnung, dass damit die Wohlfahrtsquellen der Zukunft gelegt seien. Eine andere Strategie könnte allerdings lauten, bestehende Cluster zu verjüngen und zu revitalisieren. Wie das geschehen soll, darüber sagen weder die Theorie noch empirische Studien etwas Genaues. Ein weiteres Problem, das bislang kaum behandelt wurde, betrifft die Frage, welches Verhältnis denn zwischen den bestehenden Clustern eines Portfolios besteht? Man kann sich theoretisch eine komplementäre, indifferente oder substitutive Beziehung der Cluster vorstellen; doch was im Einzelnen vorherrscht, könnte nur empirisch geklärt werden. Es gibt Hinweise auf komplementäre Beziehungen: Im Silicon Valley wird zum Beispiel das Zusammenwirken des Mikroelekt-

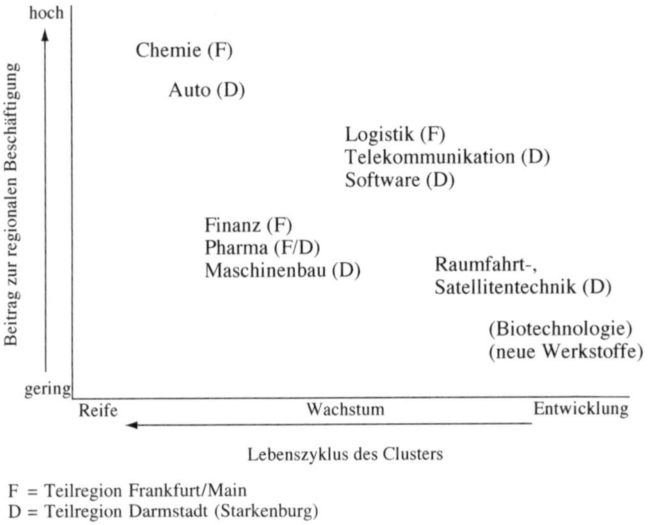

Abbildung 2: Versuch eines Cluster-Portfolios für die Region Rhein-Main

ronik-Clusters mit einem speziellen Finanzcluster (Wagniskapital) hervorgehoben. In der Region Rhein-Main könnte man etwa eine komplementäre Beziehung zwischen dem Flughafen-Cluster und der Entwicklung des Finanzclusters annehmen. Substitutive Beziehungen zwischen Clustern könnten sich z. B. auf dem Feld der knappen öffentlichen Mittel für die Erstellung einer cluster-spezifischen Infrastruktur (etwa im Ausbildungsbereich) oder um knappe Spezialisten auf dem lokalen Arbeitsmarkt ergeben.

Damit sind Konfliktfelder angesprochen, die einer politischen Lösung bedürfen. Aber wer soll sie herbeiführen? Wie eingangs erwähnt, gibt es keine politische Repräsentanz für die gesamte Stadtregion Rhein-Main. Selbst wenn es sie gäbe, wäre sie vermutlich mit Entscheidungen überfordert, die keine ausreichende theoretische und empirisch überprüfte konzeptionelle Grundlage haben. Schließlich zeigen die zuvor angesprochenen Studien über Ostdeutschland, dass es einer „Vier-Ebenen-Politik“ bedarf, um auch nur ein Cluster zu fördern (Bruch-Krumbein/Hochmuth 2000): des Zusammenwirkens der EU-Ebene mit der des Bundes, des Landes und schließlich der Region. Bruch-Krumbein/Hochmuth (2000, S. 11) bekennen sogar, dass den beiden Ebenen der EU und des Bundes besondere Bedeutung in Ostdeutschland zukomme.

Angesichts der Unschärfe der verwendeten Begrifflichkeit, der noch ungeklärten theoretischen und empirischen Fragen beim Cluster-Konzept und schließlich der Unklarheiten über die politische Einsatzfähigkeit des Cluster-Konzeptes als Instrument der regionalen Wirtschaftspolitik kann man nur zu dem Ergebnis kommen, dass eine Cluster-Politik im eigentlichen Sinne in einer der führenden Stadtregionen Europas nicht durchführbar ist.

IV. Koordinationsmechanismus „Netzwerk" im Cluster

Auch wenn eine Cluster-Politik im eigentlichen Sinne kaum möglich erscheint, kann es in der regionalen Wirtschaftspolitik dennoch sinnvoll sein, erkannte Ansätze der Clusterbildung durch politische Anstrengungen zu fördern. Möglicherweise können „lokale" Initiativen dazu beitragen, neue technologische Entwicklungen in der Region so zu „verankern", dass sie zum zukünftigen Wachstum der Region beitragen. Allerdings sagt die Cluster-Theorie wenig Konkretes zum Entstehungsprozess von Clustern aus, wie ich zuvor dargelegt habe. Das mit einer spezifischen Cluster-Perspektive verbundene Konzept des Netzwerkes mag an dieser Stelle seine Berechtigung haben. Erinnert sei an die Aussage in Abschnitt II., dass manche Autoren nur dann von einem Cluster sprechen wollen, wenn die an einer Wertschöpfungskette beteiligten Unternehmen in einer Region untereinander durch informelle und formelle Kooperationen verbunden sind und durch regionale Institutionen unterstützt werden („Netzwerk-Cluster" nach Gordon/McCann 2000).

Mit seinem Buch über den Aufstieg der Netzwerkgesellschaft hat Manuel Castells (2001) die weit verbreitete Vorstellung von Netzwerken als neue Formen der ökonomischen und gesellschaftlichen Steuerung oder „governance" unter Sozialwissenschaftlern zusammengefasst. Ich will hier nicht weiter auf die gewiss ebenso große Unschärfe des Konzeptes eingehen, wie sie dem Cluster-Konzept eigen ist. Aber es gibt tatsächlich Hinweise, dass Netzwerken zumindest zeitweise eine unterstützende Funktion beim Aufbau lokal verankerter Gewerbezweige zukommen kann.

Netzwerke bezeichnen in sozialwissenschaftlicher Sicht ein Ensemble von vielseitigen Beziehungen sozialer, wirtschaftlicher und politischer Art zwischen verschiedenen Akteuren; Netzwerke haben ihr spezifisches Thema oder Ziel, das, wie es unter ökonomischen Akteuren nicht anders sein kann, von den Interessen der Netzwerk-Mitglieder bestimmt wird. Netzwerkbeziehungen beruhen auf der Freiwilligkeit der Netzwerk-Mitglieder; daher basieren sie auf der Erwartung, dass Ziele im Netzwerk besser erreicht werden können als über Koordinationsformen wie Anordnung oder Markt. Gesellschaftlichen Dimensionen wie Reputation, Reziprozität der Beziehung und letztlich gegenseitiges Vertrauen sichern die Funktionsfähigkeit des Netzwerkes, was man insgesamt als „soziales Kapital" bezeichnet. Solche Netzwerke weisen einerseits eine gewisse Stabilität in der Zeit auf, sind andererseits aber ebenso ein fragiles soziales Gebilde, das, um bestehen zu bleiben, wiederholte Anstrengungen der Netzwerk-Mitglieder nötig macht. Auch wenn gemeinsame Interessen latent vorhanden sind, entstehen Netzwerke zumeist nicht von selbst. Vielmehr werden sie oft durch einen Initiator geschaffen, der die Interessen zusammenbringt, und durch einen Makler oder Broker aufrecht erhalten, der die Interessen ausgleicht. Zum Entstehen eines Netzwerkes bedarf es eines Anlasses, der für die Netzwerk-Akteure gemeinsam gilt.

Aus dieser Darlegung kann man schnell folgern, dass Netzwerke keineswegs immer die effizienteste Form der Koordination wirtschaftlicher Akteure sind. Auch bei Netzwerken könnte man zwischen „guten" und „schlechten" unterscheiden. Tatsächlich besteht eine ausgiebige Debatte über die Verfestigung („lock-in") von regionalen Entwicklungspfaden durch traditionelle, „starke" Netzwerke, die Anpassung und Wandel hindern. Die ungleiche Verteilung von Gestaltungsmacht im Netzwerk kann Flexibilität und Kreativität des Netzwerkes hindern. Es müssen also besondere Bedingungen vorherrschen, um sich Netzwerke als effiziente Koordinationsform vorstellen zu können. In Stadtregionen wird man zudem beide Arten von Netzwerken finden (vgl. Esser/Schamp 2001).

Offene, durch „schwache" Beziehungen der Mitglieder gekennzeichnete Netzwerke scheinen dann wirkungsvoll, wenn große Unsicherheit z. B. bei den Erwartungen an die Entwicklung neuer Technologien und dabei kaum zu übersehende Risiken bestehen. Neue Technologiefelder sind mit dem Problem verbunden, dass man das noch nicht kennt, was sich aus ihnen entwickeln kann. Sie machen daher Investitionen erforderlich, deren Ertrag höchst unsicher ist. Bei der Zusammenarbeit mit anderen besteht die Gefahr, dass unternehmens-spezifisches Wissen unkontrolliert an andere gerät und von diesen ausgenutzt wird (sog. opportunistisches Verhalten des Partners). Unsicherheit und Risiko wirken insgesamt hemmend, Unternehmen sind hier stark investitions-avers.

Die moderne Innovationsforschung hat allerdings nachgewiesen, dass Unternehmen neue Technologien nicht mehr alleine entwickeln können, sondern nur gemeinsam. Das „schwache" Netzwerk bietet eine Möglichkeit, verschiedene Unternehmen im Innovationsprozess zusammenzuführen und dennoch die zuvor genannten Probleme weitgehend zu vermeiden. Es ist eine soziale Form der Koordination, in der Gestaltungsmacht gleichmäßiger verteilt ist, Beziehungen zwischen den Unternehmen durch soziale Instrumente wie Reputation, Reziprozität und Aufbau von Vertrauen kontrolliert und zugleich das eigene Risiko reduziert werden können. Die Fähigkeit eines solchen Netzwerkes, Unsicherheiten durch Kooperation zu reduzieren und zugleich durch Kooperation externe Wissens-Ressourcen zu erschließen, lassen es als eine effiziente Form für den Aufbau neuer Technologien in einem neuen Cluster erscheinen.

Die empirischen Erfahrungen beim Aufbau regionaler Netzwerke scheinen bislang jedoch noch wenig analysiert zu sein (vgl. Müller u.a. 2002). In einer kürzlich erschienenen schwedischen Untersuchung zur Bildung von regionalen Clustern (Lundequist/Power 2002) wird aufgezeigt, dass erfolgreiche regionale Clusterbildung nur durch einen gegenseitigen Prozess des Zusammenwirkens verschiedener Akteure möglich war. Auch wenn die Formen der Netzwerke sehr unterschiedlich waren, stellten die Autoren fest, dass

- jedes Netzwerk nur an bereits bestehenden Cluster-Strukturen ansetzen kann; ein Start „von Null“ war nicht möglich;
- selbst dort, wo schon Unternehmen in einem Technologiefeld tätig waren, treibende Akteure notwendig waren, die eine gemeinsame Idee verfolgen. Einer von ihnen sollte die Rolle des „unparteiischen“ Netzwerk-Brokers übernehmen;
- bei der Einrichtung von Netzwerken öffentliche Einrichtungen eine wichtige Rolle spielten. Das konnten bestehende Beziehungen zwischen Universitäten und Unternehmen sein, aber auch Kommunen oder Verbände, die die Bildung von regionalen Marketing-Netzwerken oder die Entwicklung und Nutzung einer gemeinsamen Regional-Marke – als Symbol der Gemeinsamkeit – anregten. Dabei erfreut sich auch in Schweden die Bezeichnung „Valley“ einer großen Beliebtheit als Symbol für ein neues Cluster;
- zum Management des Netzwerkes ebenso spezielle Treffpunkte erforderlich sind, an denen die Akteure aus verschiedenen Wissensgebieten ihr Wissen und Informationen austauschen und wo sie Vertrauens-Beziehungen aufbauen können. Crevoisier (1999) hat als eine wesentliche Aufgabe der Stadt von heute die Bereitstellung von Interaction and Learning Sites bezeichnet, d.h. von Orten und Anlässen, auf denen lokale Akteure zusammentreffen können und mit deren Hilfe sie zum Aufbau gegenseitiger Kommunikation und netzwerkartiger Kooperation angeregt werden können.

Auch in der Region Rhein-Main bestehen seit kurzem Netzwerke, in denen verschiedene öffentliche Einrichtungen wichtige Funktionen in Aufbau und Management übernommen haben. Deutlich wird auch, dass die Bedeutung der öffentlichen Einrichtungen im Lauf der Zeit zurücktreten muss, wenn das Netzwerk erfolgreich ein „Cluster“ bewirken soll. Eine enge regionale Bindung des Netzwerks ist nicht hilfreich, oft gar nicht möglich. Die Netzwerke können einerseits versuchen, bestehende Unternehmen in verschiedenen technologischen Themenfeldern zusammenzuführen, um kooperative Innovationen anzuregen. Das ist z.B. bei Materials Valley der Fall (siehe den Beitrag Brämer in diesem Band). Sie können aber auch eine Infrastruktur bereitstellen für die Gründung neuer Unternehmen; das trifft insbesondere auf die Initiative der Hochschulen Route 66 zu. Und sie können beides gemeinsam versuchen. Das scheint bei der Initiative der Frankfurt Biotech Alliance und ihren weiteren Tätigkeiten (wie das Frankfurt Innovation Zentrum FIZ) der Fall.

V. Was kann man aus diesen Konzepten für die regionale Wirtschaftspolitik lernen?

Martin/Sunley (2001, S. 39) fragen allerdings zu Recht, inwiefern man für derartige Initiativen noch ein Cluster-Konzept benötigt. Im Porter'schen Konzept des Clusters kommt dem „Zufall" und dem „Staat" nur eine sehr begrenzte Bedeutung zu. Dort schaffen sich Unternehmen selbst durch Wettbewerb, Nachfragebeziehungen und Kooperation ihre Wettbewerbsvorteile im Cluster. Eine klassische Aufgabe der Regionalpolitik, die Bereitstellung von Infrastruktur als „öffentlichem Gut", wird hierin völlig ausgeblendet. Aber selbst die Notwendigkeit, spezifische Infrastruktur für ein Cluster aufzubauen, wird in vielen Cluster-Konzepten nicht gesehen. Für die regionale Wirtschaftspolitik stellt sich das Problem, dass damit sog. Klub-Güter geschaffen werden, d.h. Leistungen, die nicht von allen Unternehmen einer Region genutzt werden können. So können einerseits z.B. Informatik-Studiengänge am Ort eines IuK-Clusters oder Bank-Studiengänge am Ort eines Finanzplatzes wichtige Bausteine für den Fortbestand dieser Cluster in der Stadtregion sein, andererseits aber öffentliche Mittel einseitig binden.

Alle empirische Evidenz zeigt, dass Cluster nicht durch politische Maßnahmen direkt und neu geschaffen werden können; dass Cluster eine sehr lange Entwicklungszeit haben, bevor sie regionalpolitisch von Bedeutung werden; dass die Entwicklung von Clustern kaum steuerbar ist. Andererseits vermutet man heute, dass eine regionale Politik der Förderung von Netzwerken mit Erfolg zum regionalen Strukturwandel und zur langfristigen Entwicklung der Region beitragen kann. Solche Netzwerke haben einen „Fokus", ein oft technologisches Thema, so dass man leicht geneigt sein könnte, in diesem wiederum ein entstehendes Cluster zu vermuten. Die Kritik am Cluster-Konzept und an einer Cluster-Politik als einer regionalen Politik verneint nicht die Nützlichkeit von Maßnahmen, die der Netzwerkbildung dienen. Ganz im Gegenteil sieht gerade die neuere Stadtforschung eine wichtige Aufgabe der Stadt in ihrer Rolle als Ort der Kommunikation,

Interaktion und schließlich des Lernens – von Organisationen! Daher sind die Vorschläge – wie sie etwa Crevoisier (1999) und andere gemacht haben – unbestritten, nämlich Treffpunkte und Gelegenheiten für Kontakte zwischen Unternehmen und Experten zu schaffen, ihre Kommunikation anzuregen, Netzwerke als dauerhaftere Form der Kommunikationsmöglichkeiten anzuregen, ein kollektives Bild der Region herzustellen im Sinne eines brands – einer Marke-, etc. Den „öffentlichen" Akteuren bleibt dabei eine weitgehend begleitende Rolle, indem Anlässe und „Orte" zur Verfügung gestellt werden, die Akteure verschiedener Wissensgebiete zu einem Thema zusammenbringen; und indem gelegentlich die Aufgabe eines „neutralen" Netzwerk-Brokers übernommen wird, der einen Ausgleich für die interessen-gebundenen und „treibenden" Akteure bereit stellt. All das sind eigentlich bekannte Politikmaßnahmen einer „weichen" Steuerung. Allerdings muss man einschränkend hinzufügen, dass die Netzwerk-Bildung zwar gegenwärtig der Hoffnungsträger der Regionalpolitik ist – man schaue nur auf die verschiedenen Initiativen der Bundesregierung –, deren Erfolg in Management und Effizienz sich aber durchaus noch beweisen muss. Malmberg/ Maskell (2002, S. 444) warnen denn auch: „... be cautious about ... *exclusively* ... promoting the establishment of local networking ..." (Hervorhebung durch mich).

So bleibt eigentlich angesichts der vielseitigen Benutzung des Begriffs des Clusters, aber seiner ganz untergeklärten Wirkungsweise, nur eine Konsequenz: Da dies nun einmal ein in der interessierten Öffentlichkeit weit verbreiteter Begriff geworden – also eine Mode – ist, könnte man ihn zumindest als Instrument des Regional-Marketings im weiteren Sinne nutzen. Wichtige in einer Stadtregion identifizierte „Cluster" könnten die Funktion eines Symbols für die Stärken der Region einnehmen, die erhalten und gefördert werden sollen. „Cluster" hätte dabei eine doppelte Funktion: den in der Stadtregion befindlichen Akteuren die Stärke in einem bestimmten Themenfeld deutlich zu machen und sie dadurch zu einer regionalen Zusammenarbeit zu bewegen, und zugleich diese Stärke nach außen hervorzuheben, um möglicherweise am Themenfeld interessierte Unternehmen in die Region zu lenken. In einer Welt, in der zunehmend Marken – „brands" – als Signale der Orientierung verstanden werden, könnten auch bestimmte Cluster als „Markenträger" für die Region genutzt werden.

Literatur

Baum, H./*Esser,* K./*Kurte,* J./*Probst,* K. M. (1999): Der Flughafen Frankfurt/Main als Standortfaktor für die regionale Wirtschaft. Köln: Universität Köln

Becker, St./*Schumm,* W. (2001): Begrenzte Vernetzung. Restrukturierung von Großunternehmen der chemischen und pharmazeutischen Industrie in der Region Rhein-Main, in: Esser, J./Schamp, E. W. (Hrsg.): Metropolitane Region in der Vernetzung. Der Fall Frankfurt/Rhein-Main, Frankfurt/M., S. 105–130

Braczyk, H. J./*Fuchs,* G./*Wolf,* H. G. (Eds.) (1999): Multimedia and Regional Economic Restructuring, London

Brenner, Th. (2002): The Evolution of Localised Industrial Clusters: Identifying the Processes of Self-Organisation. Papers on Economics and Evolution 0011, Max-Planck-Institut für die Erforschung ökonomischer Systeme, Abtlg. Evolutionsökonomik, Jena

Bruch-Krumbein, W./*Hochmuth,* E. (2000): Cluster und Clusterpolitik. Begriffliche Grundlagen und empirische Fallbeispiele aus Ostdeutschland, Marburg

Bulwien, H./*Hujer,* R./*Kokot,* St./*Mehlinger,* Ch./*Rürup,* B./*Vosskamp,* Th. (1999): Einkommens- und Beschäftigungseffekte des Flughafens Frankfurt/Main – Status-quo Analysen und Prognosen. München: Bulwien und Partner GmbH

Castells, M. (2001): Der Aufstieg der Netzwerkgesellschaft, Opladen

Crevoisier, O. (1999): Innovation and the City. in: Malecki, E./Oinas, P. (Eds.): Making Connections. Technological learning and regional economic change. Aldershot, S. 61–77

Dybe, G./*Kujath,* H. J. (2000): Hoffnungsträger Wirtschaftscluster. Unternehmensnetzwerke und regionale Innovationssysteme: Das Beispiel der deutschen Schienenfahrzeugindustrie, Berlin

Esser, J./*Schamp,* E. W. (Hrsg.) (2001): Metropolitane Region in der Vernetzung. Der Fall Frankfurt/Rhein-Main, Frankfurt/M.

EU, Europäische Kommission (1994): Wettbewerbsfähigkeit und Kohäsion: Tendenzen in den Regionen, Brüssel

Falger, M. (2001): Regionalreform – zwischen Hierarchie und Netzwerk, in: Esser, J./Schamp, E. W. (Hrsg.): Metropolitane Region in der Vernetzung, Frankfurt/Main, S. 215–144

Felsenstein, D./*Schamp,* E. W./*Shachar,* A. (Eds.) (2002): Emerging Nodes in the Global Economy. Frankfurt/Rhein-Main and Tel Aviv Metropolitan Areas Compared. Dordrecht, Kluwer

Gehrke, B./*Legler,* H. (2001): Innovationspotenziale deutscher Regionen im europäischen Vergleich. Beiträge zur angewandten Wirtschaftsforschung 28, Berlin

Gordon, I. R./*McCann,* Ph. (2000): Industrial Clusters: Complexes, Agglomeration and/or Social Networks? in: Urban Studies 37, S. 513–532

Grabher, G. (Ed.) 1993: The embedded firm. On the socio-economics of industrial networks. London

Hassink, R. (1997): What distinguishes „good“ from „bad“ industrial agglomerations? in: Erdkunde 51, S. 2–11

IHK Darmstadt (Hrsg.) (2002): IT-Standort Darmstadt/Südhessen. Die leistungsfähige Region zwischen Rhein-Main und Neckar, Darmstadt

Krätke, St./*Scheuplein,* Ch. (2001): Produktionscluster in Ostdeutschland. Methoden der Identifizierung und Analyse, Hamburg

Krugman, P. (1991): Geography and Trade, Leuven

Läpple, D. (1999): Die Ökonomie einer Metropolregion im Spannungsfeld von Globalisierung und Regionalisierung. Das Beispiel Hamburg, in: Fuchs, G./Krauss, G./Wolf, H.-G. (Hrsg.): Die Bindungen der Globalisierung, Marburg, S. 11–47

Lentz, R. (2000): Struktur und Entwicklungstendenzen der IT-Branche in der Region – Wirtschaftsstruktur- und Standortbedingungen. Tagungsband „Die IT-Branche in Südhessen – Anforderungen an eine Regionalpolitik für Innovation, Qualifizierung, Beschäftigung“, 24. Mai 2000, Darmstadt

Lo, V./*Schamp,* E. W. (2001): Finanzplätze auf globalen Märkten – Beispiel Frankfurt/Main, in: Geographische Rundschau 53 (Heft 7–8), S. 26–31

Lundequist, P./*Power,* D. (2002): Putting Porter into Practice? Practices of Regional Cluster Building: Evidence from Sweden, in: European Planning Studies 10, S. 687–704

Malmberg, A./*Maskell,* P. (2002): The elusive concept of localization economies: towards a knowledge-based theory of spatial clustering, in: Environment and Planning A 34, S. 429–449

Martin, R./*Sunlay,* P. (2001): Deconstructing Clusters: Chaotic Concept or Policy Panacea? Paper presented at the Regional Studies Association Conference on Regionalising the Knowledge Economy, London, 21. Nov. 2001

Moßig, I. (2002): Konzeptioneller Überblick zur Erklärung der Existenz geographischer Cluster. Evolution, Institution und die Bedeutung des Faktors Wissen, in: Jahrbuch für Regionalwissenschaft 22, S. 143–161

Müller, B. u. a. (Hrsg.) (2002): Kommunikation in regionalen Innovationsnetzwerken. München

Porter, M. (1991): Nationale Wettbewerbsvorteile. Erfolgreich Konkurrieren auf dem Weltmarkt, München (englisch 1990: The Competitive Advantage of Nations, New York)

– (1999): Unternehmen können von regionaler Vernetzung profitieren, in: Harvard Business Manager 21, S. 51–63

Prognos AG (2002): Technologieatlas 2002. Erfolgsfördernde Faktoren der technologischen Leistungsfähigkeit in Regionen, Basel

Puga, D. (2002): European regional policies in light of recent location theories, in: Journal of Economic Geography 2, S. 373–406

Rehfeldt, D. (1999): Produktionscluster. Konzeption, Analysen und Strategien für eine Neuorientierung der regionalen Strukturpolitik, München

Rentmeister, B. (2001): Vernetzung wissensintensiver Dienstleister in der Produktentwicklung der Autoindustrie, in: Esser, J./Schamp, E. W. (Hrsg.): Metropolitane Region in der Vernetzung. Der Fall Frankfurt/Rhein-Main, Frankfurt/M., S. 154–180

Schamp, E. W. (1996): Software-Unternehmen im Rhein-Main-Gebiet, eine Standortanalyse. Wirtschaftsgeographische Werkstattberichte 5, Institut für Wirtschafts- und Sozialgeographie der Goethe-Universität, Frankfurt/M.

– (2000a): Vernetzte Produktion. Industriegeographie aus institutioneller Perspektive, Darmstadt

– (2000b): Decline and Renewal in Industrial Districts: Exit Strategies of SMEs in Consumer Goods Industrial Districts of Germany, in: Vatne, E./Taylor, M. (Eds.): The Networked Firm in a Global World. Small firms in new environments, Aldershot, S. 257–281

– (2001a): Der Aufstieg von Frankfurt/Rhein-Main zur europäischen Metropolregion, in: Geographica Helvetica 56, S. 169–178

– (2001b): Reorganisation metropolitaner Wissenssysteme im Spannungsfeld zwischen lokalen und nicht-lokalen Anstrengungen, in: Zeitschrift für Wirtschaftsgeographie 45, S. 231–245

Scott, A. J. (Ed.) (2001): Global City-regions. Trends, Theory, Policy, New York

Specht, J. (1999): Industrielle Forschung und Entwicklung: Standortstrategien und Standortvernetzungen. Am Beispiel der Regionen Rhein-Main, Bodensee und Dresden. Wirtschaftsgeographie Band 14, Münster

Steinle, C./*Schiele,* H. (2002): When do industries cluster? A proposal on how to assess an industry's propensity to concentrate at a single region or nation, in: Research Policy 31, S. 849–858

Veltz, P. (1996): Mondialisation, Villes et Territoires. L'économie d'archipel, Paris

Cluster als Analyseinstrument für die Regionalentwicklung

Eine kurze Kritik

Von Kilian Bizer

I. Einleitung

Als Cluster gelten nach Porter und van der Linde Ballungen von Unternehmen, die miteinander verbunden sind (Porter 1991). Es gibt folglich zwei Kriterien für ein Cluster. Die Unternehmen müssen, erstens, eine gewisse geographische Nähe aufweisen, wobei sich diese eher nach dem Zeitaufwand für eine Zusammenkunft von Personen als nach der geographischen Entfernung in Kilometern bemessen dürfte. Zweitens, muss es Verbindungen zwischen den Unternehmen geben, die so genannten „linkages" (siehe dazu van der Linde 2003, in diesem Band). Diese können verschiedene Formen aufweisen. Sie können auf der einen Seite als eine Konkurrenz auf dem Absatz- oder den Faktormärkten oder als vertikale Verflechtungen auftreten, auf der anderen Seite können sie aber auch in Kooperationen zur gemeinsamen Problemlösung oder in losen Netzwerken bestehen.[1]

Claas van der Linde hat gezeigt, wo überall schon Cluster bestehen und durch welche Merkmale diese sich auszeichnen. Cluster können sich auf eine Stadt beschränken, können Regionen oder Bundesländer beanspruchen, und sie stehen in mehr oder weniger intensiven Austauschbeziehungen mit anderen Regionen und dem Weltmarkt. In seinem Vortrag hat van der Linde versucht, auch die Beziehung zwischen dem Erfolg im Sinne der Wettbewerbsfähigkeit von Clustern und ihren Merkmalen darzustellen. Sein Ergebnis ist, dass wettbewerbsfähige Cluster sich auf ihre Strategie und den herrschenden Konkurrenzdruck, die Nachfragebedingungen, die Faktorbedingungen und andere Branchen abstützen, während wettbewerbsunfähige Cluster sich hauptsächlich auf günstige Faktorbedingungen verlassen. So schön dieses Ergebnis ist, so wenig sagt es aus in Bezug auf die zukünftige

[1] In einer früheren Studie stellt Claas van der Linde etwa sowohl die Chemieindustrie als auch die Automobilindustrie in Deutschland als ein Cluster dar. Nach der hier referierten Definition von Clustern mangelt es bei beiden jedoch an der entsprechenden geographischen Nähe.

Entwicklung eines Clusters. Denn es gilt nicht im Umkehrschluss, dass alle Cluster, die sich ausgewogen auf Strategie, Absatz- und Faktormärkte sowie Zulieferer aus anderen Branchen stützen, auch erfolgreich sein müssen. Und es gilt auch nicht, dass ein Cluster erfolglos ist, wenn es sich nur auf ein oder zwei Merkmale stützt.

Insgesamt könnte man lakonisch den Beitrag so zusammenfassen: Wir nehmen ein kaum trennscharf abgegrenztes Konzept – das Cluster – verbinden das mit noch weniger scharf abgegrenzten Kriterien – Faktorbedingungen, Strategie, Erfolg etc. – und erhalten am Ende ein Erfolgsrezept für die regionale Wirtschaftförderung, das sagt: „Wenn es clustert, dann brummt's!"

In dieser Hinsicht scheint die mangelnde Abgrenzungsschärfe des Konzepts sogar in gewisser Weise beabsichtigt. Die Konturlosigkeit führt nicht nur zu einer analytischen Unschärfe, sondern sie verdeutlicht, dass das Konzept des Clusters so wie von Porter und van der Linde festgestellt, vornehmlich einer normativen Orientierung entspringt, nämlich, dass Clusterentwicklung für eine Region gut ist.

Aus raumökonomischer Sicht ist eine derartige Aussage, abgesehen von ihrem Mangel an Originalität, zu wenig um zufrieden zu stellen. Angesichts unterschiedlicher regionaler Entwicklungspfade müssen die Frage lauten:

- Wovon hängt die positive Entwicklung einer Region ab?
- Welche Möglichkeiten bestehen für öffentliche Akteure, die Entwicklung zu beeinflussen?

Um diesen Fragen ansatzweise nachzugehen, und den Begriff des Clusters so gewinnbringend wie möglich einzusetzen, betrachten wir im Folgenden zwei Beispiele eines regionalen Clusters, die möglicherweise für eine öffentliche Einflussnahme des Staates geeignet sind (Abschnitt II.). Anhand dieser Beispiele zeigen sich die vielfältigen Probleme des Clusterbegriffes für die Regionalentwicklung (Abschnitt III.). Dennoch lassen sich aus der Diskussion einige Kriterien gewinnen, die Anhaltspunkte für eine positive Regionalentwicklung erkennen lassen (Abschnitt IV.).

II. Beispiele für Cluster in Südhessen

Wofür sind Cluster geeignet? Möglicherweise besteht der eigentliche Wert des Instruments darin, eine heuristische Anleitung für das Aufspüren von Entwicklungspotentialen zu liefern. Um dieser Frage nachzugehen, seien im Folgenden zwei Cluster von Unternehmen beschrieben, die in der Region Südhessen ansässig sind.

Das erste Cluster von Unternehmen beschäftigt sich mit dem Angebot von „Content Management“ für online-Angebote. Dazu zählen nicht nur die informationstechnischen Voraussetzungen, dem so genannten „frame“, in dem aktuelle Informationsangebote wie von AOL, Bild-t-online, web.de und dergleichen mehr im Netz angeboten werden. Das Content-Management reicht von standardisierten Angeboten wie dem Euro-Rechner, über Gebrauchtwagenmärkte, Archivangebote bis hin zu journalistischen Angeboten, die entweder aus Nachrichtendiensten ausgefiltert und journalistisch weiterverarbeitet werden oder sogar gelegentlich selbst recherchiert werden.

Diese Unternehmen bilden nach der Definition von van der Linde und Porter ein Cluster, weil sie geographische Nähe aufweisen. Sie sind alle innerhalb von rund 30 Minuten mit dem Pkw zu erreichen. Sie sind außerdem miteinander verbunden, weil sie auf demselben Absatzmarkt konkurrieren. Sie befinden sich zudem in Konkurrenz auf dem Faktormarkt für entsprechend qualifizierte Arbeit. Unter den Unternehmen befinden sich große Firmen wie t-online oder die Software AG in Darmstadt sowie dem ZDF in Mainz und dem Hessischen Rundfunk und dem Evangelischen Pressedienst in Frankfurt/Main, die zwar zu den traditionellen Anbictern gehören, längst aber auch über ein online-Angebot verfügen. Ebenfalls zu nennen sind die jüngst verkleinerten Redaktionen von faz.net und der kleineren Tageszeitungen wie der Frankfurter Rundschau oder den lokalen Tageszeitungen der Region. Hinzu kommen zahlreiche kleine Unternehmen, die sich als mittelständische Unternehmen charakterisieren lassen.

Das Cluster ergänzt die Fachhochschule Darmstadt am Standort Dieburg mit zwei Studiengängen, die jeweils mit einem Diplom „Online-Journalismus“ und „Informationsrecht“ abschließen. Beide Studiengänge wurden in Kooperation mit den oben genannten Anbietern entwickelt, die im Laufe des Studiums für die Studenten auch Praktikumsplätze anbieten.

Die Tatsache, dass es sich nach der Definition von van der Linde und Porter um ein Cluster handelt, könnte nun darauf hindeuten, dass dieses Cluster ein Entwicklungspotential für die Region darstellen kann. Allerdings zeigen Porter und van der Linde, dass Cluster keinesfalls immer Innovation und Wettbewerbsfähigkeit aufweisen, sondern in vielen Fällen sind Cluster erstarrt und wachsen nicht weiter. Woran lässt sich also erkennen, ob das Content Management Cluster in Südhessen entwicklungsfähig, innovativ und für die Region bedeutsam werden kann? Weder das Alter noch das Wachstum auf den Absatzmärkten kann hinreichend Aufschluss darüber geben, denn es gibt sowohl junge erfolglose Cluster wie auch alte erfolgreiche Cluster. Zwar ist es leichter, mehr Absatz auf einem insgesamt wachsenden Absatzmarkt zu erzielen, allerdings sind wachsende Produktmärkte auch hart umkämpft und durch häufige Produktinnovationen geprägt. Unternehmen, die sich auf einem solchen Markt durchsetzen wollen, müssen folglich selbst innovativ sein. Wie aber misst man die Innovationsfähigkeit von Unternehmen oder von Clustern? Bei technischen Fortentwicklungen sind Patente ein geeigneter Indikator. Allerdings geben sie nur Aufschluss über die in der Vergangenheit erfolgten Innovationen, sie enthalten weder Auskunft über zukünftige Patente noch über die Qualität der Patente selbst. Beim hier diskutierten Cluster von Content Management spielen Patente keine Rolle. Das eigentliche Innovationspotential besteht in diesem Bereich in der Verknüpfung von informationstechnischen Voraussetzungen und journalistischen Inhalten. In diesem Bereich zu entscheiden, ob ein Unternehmen oder ein ganzes Cluster innovativ ist, ist jedenfalls nicht über einfache Indikatoren möglich, sondern entscheidet sich letztlich am Markt. Zieht man den Markterfolg als Indikator heran, verfügt man jedoch wieder nur über eine vergangenheitsbezogene Information.

Betrachten wir ein weiteres Cluster der Region, die Wärmedämmung. Ein wesentlicher Akteur dieses Clusters in der Region Südhessen ist der Wärmedämmstoffhersteller Caparol, der in Europa zum zweitgrößten Anbieter von Wärmedämmstoffen zählt. Die Firma unterhält ein weit verzweigtes Netzwerk in der Region, in dem sie Handwerkern Schulungen anbieten und über Produktneuerungen unterrichten. Wärmedämmstoffe sind dabei keineswegs ein besonders neuer Markt, allerdings weist er eine gewisse Dynamik auf, die in erster Linie auf staatliche Maßnahmen zurückzuführen sind.

Auf öffentlicher Seite besteht ein elementares Interesse an umfassenden Wärmedämmmaßnahmen, um das Kohlendioxidminderungsziel der Bundesregierung zu erreichen. Den Maßnahmen auf Bundesebene stehen zahlreiche Landesprogramme gegenüber, die ihrerseits wiederum durch zahlreiche kommunale Initiativen ergänzt werden. Eine derartige Initiative ist das „Drei-Städte-Klimaschutz-Projekt“ der südhessischen Städte Viernheim, Lampertheim und Lorsch. In diesen Städten gab und zum Teil gibt es noch eine umfangreiche Förderung von baulichen Maßnahmen zur Wärmedämmung, die einerseits den kommunalen Umweltzielen dient, andererseits aber auch den Zielen der kommunalen Wirtschaftsförderung entspricht. Auch die Kommunen haben wiederum über Handwerker- und Bauherren-Schulungen ein Netzwerk geschaffen, das sich in weiten Teilen mit denen des Wärmedämmherstellers deckt.

Auch in diesem Kontext wäre von einem „Wärmedämm-Cluster“ zu sprechen, denn die Akteure sind alle über informelle Kontakte miteinander verbunden. Sie unterhalten zum Teil auch offene Kooperationen mit anderen Akteuren, mit denen sie zusammen am Markt auftreten. Die räumliche Streuung ist relativ gering. Alle Akteure sind innerhalb der südlichen

Region Starkenburg angesiedelt. Wie bereits beim „Content Management-Cluster“ stellt sich aber auch hier die Frage, ob und auf welche Weise öffentliche Akteure die Clusterbildung beeinflussen können und sollen. Allerdings tritt angesichts des traditionell hohen staatlichen Engagements im Bereich der Wärmedämmung und aufgrund der davon betroffenen Umweltbelange eher die Frage nach der geeigneten Instrumentierung der Politik in den Mittelpunkt als die Frage, ob überhaupt in das Marktgeschehen eingegriffen werden soll. Auf die Frage wie ein Cluster zu fördern ist, gibt das Konzept von van der Linde aber keinerlei Anhaltspunkte.

III. Offene Fragen

Cluster als analytisches Konzept werfen damit eine ganze Reihe offener Fragen auf, die alle darauf hindeuten, dass sie nicht unmittelbar dazu geeignet sind, auf regionalpolitischer Ebene Entscheidungen vorzubereiten, wie welche Formen von Clustern zu fördern sind. Dies liegt nicht zuletzt daran, dass die hier vorgestellte Cluster-Studie allein auf den wirtschaftlichen Erfolg des Clusters abstellt. Sie adressiert hingegen nicht – und kann es als Meta-Studie vielleicht auch nicht – in welcher Weise die Clusterentwicklung mit anderen regionalen Zielen in Konflikt tritt.

Ein ebenso unscharfer Begriff wie der des Clusters ist in dieser Hinsicht die regionale Nachhaltigkeit. Dennoch ist dieser Begriff geeignet, um zu zeigen, welche offenen Fragen in Bezug auf Zielkonflikte sich bei Clustern stellen. So ist es durchaus möglich mit der Förderung eines bestimmten Industrieclusters die ökologischen Funktionsbedingungen einer Region elementar zu verletzen. In gewisser Hinsicht lässt sich dies in der Vergangenheit für das Ruhrgebiet konstatieren, aber auch die mittelalterlichen Bergbauregionen etwa im Harz haben über den Raubbau der Wälder verhindert, dass die Region sich auch in anderer Hinsicht noch hätte entwickeln können. Kommt es zu einer Zerstörung der ökologischen Ressourcen durch ein bestimmtes Cluster, so beeinträchtigt dieses auf lange Sicht die Entwicklungspotentiale der Region. Die Region wird zu einem „Opfer der Entwicklung“.

Bestimmt ein einzelnes Cluster eine ganze Region, so besteht zusätzlich die Gefahr, dass dieses Cluster die Regionalpolitik monopolisiert. In der Regel dürften Cluster gerade aufgrund ihrer „linkages“ besonders geeignet sein, die Entwicklungsmöglichkeiten in der Region zu prägen. Es steht außer Frage, dass dabei in der Regel eine Interessenkongruenz zwischen Cluster-Akteuren und regionalpolitischen Akteuren existieren. Allerdings kann diese Interessenkongruenz zu Lasten dritter Interessen in der Region bestehen, die nicht ausreichend repräsentiert sind. Aufgrund der Pfadabhängigkeit wirtschaftlicher Entwicklung können einmal eingegangene Bündnisse zu einer mittel- und langfristigen Monopolisierung der Regionalpolitik durch ein Cluster führen, ohne dass dies zu dem bestmöglichen Entwicklungspfad für die Region führen muss. Denn eine Region setzt mit einer spezifischen Clusterentwicklung immer auf eine bestimmte Karte, und wenn aus konjunkturellen oder branchenspezifischen Gründen dieser Zweig nicht wächst, entsteht auch kein positiver Wachstumseffekt. Regionen, die also nur auf einen Cluster setzen, gehen ein gewisses Risiko ein. In langfristiger Perspektive bedeutet dies, dass die ökonomische Entwicklung möglicherweise beeinträchtigt wird.

In langfristiger Hinsicht gibt es jedoch noch mehr zu beachten: Strebt man eine nachhaltige Entwicklung der Region an, so sind die ökologischen Bedingungen des Raumes unbedingt einzuhalten, um das Potential der Region nicht zu zerstören.[2] Zu diesen ökologischen Grundbedingungen zählen die Funktionen der Ökosysteme, die nicht zerstört oder auch nur dauerhaft und erheblich beeinträchtigt werden sollten. Wenn Cluster-Entwicklung gefördert werden soll, wer adressiert die Frage der ökologischen Grundfunktionen? Wer schätzt ab, ob das Cluster nicht die ökologischen Funktionen überstrapaziert? Wie relevant diese Frage ist, sieht man nicht nur, wenn man auf die Bergwerksregion im Ruhgebiet zurückblickt, sondern sie stellt sich aktuell auch bei der Erweiterung des Rhein-Main-Flughafens für viele Gemeinden neu. Die Region kann, wenn sie auf eine bestimmte Karte setzt, nicht nur in ökonomischer, sondern auch in ökologischer Hinsicht ein „Opfer der Entwicklung“ werden.

Einen weiteren wichtigen Aspekt für die Regionalentwicklung, der im „Cluster-Ansatz“ nicht ausreichend berücksichtigt wird, stellt das soziale Kapital einer Region dar.[3] Soziales Kapital reicht weit über das hinaus, was Unternehmen in Netzwerken mit öffentlichen und privaten Akteuren aufbauen, und damit dem Anteil, der im Cluster-Konzept berücksichtigt ist. Der Aufbau individuellen sozialen Kapitals, der auf funktionierenden Sozialisierungsmustern beruht, und lange vor der Marktfähigkeit eigentlicher Leistungen einsetzt, ist für die Entwicklung einer Region nicht nur von großer Bedeutung, sondern ist möglicherweise einer der zentralen Ansatzpunkte für eine die Region fördernde Politik. In diesem Kontext bestünde eine langfristig angelegte Regionalpolitik aus Elementen der Schul- ebenso wie der Siedlungspolitik, weil in beiden Handlungsfeldern der Aufbau sozialen Kapitals begünstigt werden kann.

---

[2] Zu den Problemen von Indikatorsystemen der Nachhaltigkeit siehe Bizer/Sternberg 2001.

[3] Siehe dazu die kritische Diskussion Feindt 2000, Kneer 2000 und von Bizer 2000 in der ZAU.

IV. Cluster als Bausteine für eine Regionalentwicklung der Zukunft

Wie auf allen anderen Politikebenen auch muss auch die Regionalpolitik eine Balance herstellen zwischen kurz- und langfristigen Handlungsperspektiven. In beiden Perspektiven ist konstruktiv zu fragen, wie man eine Regionalentwicklung mit Hilfe des Cluster-Ansatzes fördern kann. Wie oben gezeigt, gibt es in der Region durchaus Entwicklungen wie das Content Management Cluster oder das Wärmedämm-Cluster, die sich anhand des Cluster-Konzeptes beschreiben lassen. Wenn die zentralen Schwächen des Cluster-Ansatzes darin bestehen, dass zu wenig spezifisch abgegrenzt ist, was einen Cluster ausmacht, und aus dem Cluster-Begriff auch keine Entwicklungsperspektive ableitbar ist, so lässt sich doch mit Hilfe zusätzlicher Indikatoren abschätzen, welchen positiven oder negativen Beitrag ein bestimmtes Cluster für die regionale Entwicklung leisten könnte. In diesem Sinne sind erst einmal bestehende Cluster zu identifizieren und damit Akteure zu bestimmen. Mit Hilfe der Akteure sind die Entwicklungsmöglichkeiten abzuschätzen und verschiedene Entwicklungspfade zu skizzieren. Anhand dieser Szenarien lassen sich dann gestützt auf Indikatoren Risiken und Zielkonflikte abschätzen, auf deren Grundlage der gewünschte Entwicklungspfad bestimmt wird. Im Anschluss daran können dann Maßnahmen entwickelt werden, die gemeinsam mit weiteren Akteuren, zu denen Hochschulen, Kammern aber auch Kommunen zählen, zu starten sind.

Übersicht 1

Cluster als Bausteine für eine Regionalentwicklung der Zukunft

1. Bestehende Clusteransätze identifizieren
2. Akteure bestimmen
3. Entwicklungsmöglichkeiten ausloten und Entwicklungsszenarien aufstellen
4. Risiken und Zielkonflikte abschätzen
5. Maßnahmenentwicklung
6. Gemeinsame Initiativen mit bestehenden Organisationen (Hochschulen, Kammern, etc.) starten
7. Kooperation mit Kommunen suchen

Quelle: eigene Darstellung

Literatur

Bizer, K. (2000): Die soziale Dimension in der Nachhaltigkeit, Zeitschrift für angewandte Umweltforschung, Jg. 13, 2000, H. 3/4, 420–434

Bizer, K./*Sternberg,* R. (2001): Grundprobleme von Indikatorsystemen für Regionale Nachhaltigkeit, in: Zeitschrift für Raumforschung und Raumordnung, H. 5/6 2001, 381–391

Feindt, P. H. (2000): Die soziale Dimension in der Nachhaltigkeit und das Konzept des Sozialkapitals, Zeitschrift für angewandte Umweltforschung, Jg. 13, 2000, H. 3/4, 483–492

Kneer, G. (2000): Soziale Nachhaltigkeit – Eine Stellungnahme zum Beitrag von Kilian Bizer, Zeitschrift für angewandte Umweltforschung, Jg. 13, 2000, H. 3/4, 493–500

Porter, M. (1991): Nationale Wettbewerbsvorteile: erfolgreich konkurrieren auf dem Weltmarkt, München

Schamp, E. W. (2001): Der Aufstieg von Frankfurt/Rhein-Main zur europäischen Metropolregion, Geographica Helvetica, Jg. 56, H. 3, 169–178

Van der Linde, C. (2004): Cluster und regionale Wettbewerbsfähigkeit, in diesem Band

Clusterbasierte Regionalentwicklung der Zukunft[1]

Kriterien für die Gestaltung

Von Rolf Sternberg

I. Einleitung und Ziele des Beitrages

Der Begriff „Cluster" gehört aktuell zu den Modebegriffen der Wirtschaftsförderung und Teilen der Wirtschafts- und Regionalwissenschaften. Er ist vorwiegend positiv besetzt und wird, wie stets bei Modeerscheinungen, in bisweilen inflationärer Weise verwendet. Bekanntlich aber ist die Popularität eines Konzeptes nicht notwendigerweise ein Beleg für seine Richtigkeit. Vielmehr zeigt die Erfahrung aus vielen Dekaden Wirtschaftspolitik eher Folgendes: was viele Regionen und Kommunen an Instrumenten anwenden, wird auch andernorts als gut und richtig erachtet und keine Gebietskörperschaft will auf dieses vermeintlich Erfolg versprechende Instrument verzichten, ohne dass dessen Richtigkeit bis dato ausreichend theoretisch und vor allen Dingen empirisch belegt worden wäre (oder überhaupt belegt werden konnte). Ähnliches gilt für Cluster, die mit den Worten von Michael Steiner (1998, 1) „... the discreet charm of obscure objects of desire" besitzen.

Zugleich verbinden die Personen und Institutionen, die den Begriff Cluster verwenden, damit sehr unterschiedliche Inhalte. Dies allein ist bereits verwirrend, da ein und derselbe Begriff sehr unterschiedlich benutzt wird. Noch weitaus schwammiger ist die Debatte aber dann, wenn auf eine Begriffsbestimmung vollkommen verzichtet wird, was ebenfalls nicht selten ist, auch unter Wissenschaftlern (vgl. Enright 2003 oder van der Linde (in diesem Band), der es den Entscheidungsträgern in den Regionen selbst überlässt zu bestimmen, was ein Cluster ist, mit der Folge, dass die „Cluster" nicht vergleichbar sind). In solchen Fällen besteht die Gefahr, dass beispielsweise Wirtschaftsförderer und Unternehmensberater, die Ersteren ein Clusterkonzept verkaufen wollen, den selben Begriff verwenden, darunter aber Unterschiedliches verstehen, ohne dies zu wissen (oder wissen zu wol-

[1] Dieser Beitrag basiert auf einem Vortrag des Verfassers auf der Tagung „Erfolgsfaktoren regionaler Wirtschaftsentwicklung" des Rhein-Main-Instituts am 4.11. 2002 in Darmstadt, der in Teilen in Sternberg/Kiese/Schätzl (2004) publiziert ist.

len). Missverständnisse und Fehleinschätzungen sind vorprogrammiert, wenn über ein auch in Wissenschaftskreisen nicht klar definiertes, ja vages und bisweilen chaotisches Konzept (Martin/Sunley 2003) gesprochen wird. Dabei sind die unterschiedlichen geographischen Ausmaße dessen, was ein Cluster sein kann, sicher am ärgerlichsten, wenn es um die konkrete Umsetzung des Clusterkonzeptes im Alltag der Wirtschaftsförderung in einer spezifischen Region geht.

Der vorliegende Beitrag möchte durch eine klare, wenn auch natürlich nicht allgemein anerkannte (eine solche existiert bei Clustern nicht!) Begriffsbestimmung zumindest die vorgenannten Probleme vermeiden helfen und drei zentrale Fragen beantworten, die zugleich die Gliederung der folgenden Ausführungen beschreiben.

Im Rahmen dieses Beitrages wird unter einem Cluster eine im subnationalen Sinne regionale Ballung verwandter Wirtschaftszweige mit intensiven intraregionalen Verflechtungen (z. B. Zulieferverflechtungen oder FuE-Kooperationen) verstanden. Für Deutschland gehört zu einer Region eine Stadtregion mit ihrem suburbanen, bisweilen ländlichen Pendlereinzugsgebiet. Die 97 deutschen Raumordnungsregionen oder auch die Arbeitsmarktregionen stellen gute Möglichkeiten einer solchen Regionalisierung dar. Ein Cluster hat also einen klaren regionalen Fokus und ist insbesondere durch die beiden Kriterien „Konzentration" (nämlich räumliche Konzentration eines Wirtschaftszweiges auf wenige Regionen innerhalb eines Landes) und „Kooperation" (nämlich interbetriebliche und intraregionale Kooperation der Betriebe des/r betreffenden Wirtschaftszweige/s) gekennzeichnet. Damit zählt weder eine rein sektorale Konzentration (das „Chemie-Cluster" in Deutschland; dieses Begriffsverständnis dominiert beispielsweise den international vergleichenden Sammelband der OECD (1999)) noch eine *nur* raum-zeitliche Co-Präsenz vieler Betriebe eines Wirtschaftszweiges in einer Region automatisch zu einem Cluster. Dem sektoralen Cluster fehlt die räumliche Konzentration in einer oder wenigen Regionen; im zweiten Fall hingegen ist die notwendige Bedingung der Interaktion der Betriebe der selben oder verwandter Branchen innerhalb der Region nicht erfüllt (bzw. wird nicht geprüft). Dagegen müssen die betreffenden Regionen nicht in besonders starkem Maße von den Betrieben eines so definierten räumlich-sektoralen Clusters abhängig sein (z. B. wegen eines besonders hohen Anteils an den Beschäftigten oder des Bruttoinlandsproduktes der Region insgesamt), um als Cluster zu gelten. Die Spezialisierung der betreffenden Region auf die einen Cluster bildenden Wirtschaftszweige kann, muss aber nicht gegeben sein. Sie stellt also weder eine hinreichende (es gibt auch hochspezialisierte Regionen, die trotzdem keine Cluster im definierten Sinne darstellen) noch eine notwendige Bedingung (es gibt Cluster, deren tragende Wirtschaftszweige innerhalb der Region quantitativ keine signifikante Bedeutung haben) für die Existenz eines Clusters dar. Allerdings hat diese Art der Spezialisierung bzw. ihr Fehlen natürlich Konsequenzen für die Impulse eines solchen Clusters auf die Regionalentwicklung, wie später zu zeigen sein wird.

Drei Fragen stehen im Mittelpunkt dieses Beitrages:

- Ist die Existenz eines Clusters eine Ursache für eine positive regionale Wirtschaftsentwicklung? (Kapitel II.)
- Welche Kriterien/Bedingungen müssen erfüllt sein, damit Cluster zu positiver Regionalentwicklung führen? (Kapitel III.)
- Wie lässt sich die Entstehung von Clustern mit wirtschaftspolitischen Instrumenten fördern? (Kapitel IV.)

Die Antworten auf diese Fragen basieren auf der Analyse der mittlerweile umfassenden Literatur zu räumlich-sektoralen Clustern in den Wirtschaftswissenschaften, der Wirtschaftsgeographie und der Soziologie, um nur die wichtigsten Wissenschaftsdisziplinen zu nennen, die sich mit diesem sehr interdisziplinären Thema auseinandersetzen (vgl. exemplarisch Bröcke/Soltwedel/Dohse 2003). Die Ausführungen sind folglich theoretisch und, noch wichtiger, empirisch fundiert, berücksichtigen also explizit die Erfahrungen, dic einzelne Regionen in der Vergangenheit mit ihrer mehr oder weniger clusterbasierten Wirtschaftsentwicklung gemacht haben. Naturgemäß sollten sich diese Erfahrungen, nicht auf deutsche Regionen beschränken (ohne diese zu vernachlässigen), denn insbesondere zu vielen angloamerikanischen Clustern existiert mittlerweile eine reichhaltige Literatur (vgl. z. B. Enright 2003). Für die Berücksichtigung ausländischer Erfahrungen spricht zudem, dass die Clusteridee insbesondere in Großbritannien (DTI 2001) und in den USA bereits deutlich länger eine große Popularität genießt als in Deutschland, das erst vor kurzem auf diesen Zug aufgesprungen ist – zu einem Zeitpunkt, als im angloamerikanischen Sprachraum die Kritik an dem vermeintlichen Allheilmittel Cluster bereits spürbar lauter wird (z. B. Martin/Sunley 2003).

II. Zum Zusammenhang von Clustern und regionaler Wirtschaftsentwicklung?

In diesem Kapitel steht die Frage im Mittelpunkt, ob die Existenz eines Cluster eine Erfolgsdeterminante für regionale Wirtschaftsentwicklung ist? Anders formuliert: Trägt ein Cluster im oben definierten Sinne dazu bei, dass sich die gesamte Region, also insbesondere auch die nicht zum Cluster gehörenden Teile der Wirtschaft einer Region, positiv entwickeln. Mit dieser Art der Fragestellung soll geprüft werden, ob der bisweilen ausschließlich positiv besetzte Begriff „Cluster“ nicht auch negative Konsequenzen für Regionalentwicklung haben kann.

Ein Blick in die Vergangenheit und Gegenwart zeitweise erfolgreicher und zeitweise erfolgloser Wirtschaftsregionen zeigt, dass die Existenz eines oder mehrerer Cluster innerhalb einer Region weder eine notwendige noch eine hinreichende Bedingung für überdurchschnittlich positive Regionalentwicklung ist. Wie Tab. 1 deutlich macht, kennt die Geschichte von Wirtschaftsregionen für alle vier Zellen der Matrix zahlreiche Beispiele. So sind das Silicon Valley und das München der 1960–90er Jahre, aber auch viele der so genannten Industriedistrikte (vgl. für einen Überblick Harrison 1992) Regionen, die ihre erfolgreiche Regionalentwicklung während eines bestimmten Zeitraums der Existenz eines oder mehrere Cluster im eingangs definierten Sinne verdanken. Hier liegt also ein statistischer *und* ein kausaler Zusammenhang zwischen beiden Phänomenen – Existenz eines Clusters, außerordentlich dynamische Wirtschaftsentwicklung – vor. Andererseits sind auch Regionen bekannt, die zwar über einen oder mehrere Cluster verfügen, aber über eine weit unterdurchschnittliche Wirtschaftsdynamik. Viele so genannte Altindustrieregionen wie beispielsweise das heutige Ruhrgebiet oder Teile des US-amerikanischen Manufacturing Belts der 1970er und 1980er Jahre sind hier zu nennen. Clusters finden wir also in Regionen, die von eher traditionellen und (daher) häufig wenig dynamischen Wirtschaftssektoren geprägt sind ebenso wie in Regionen, die sich derzeit ökonomisch sehr positiv entwickeln und diese Dynamik der Ballung von aktuell wachstumsstarken Branchen verdanken, wie der Überblick über europäische (regionale) Produktionssysteme zeigt (vgl. Crouch et al. 2001). Auf der anderen Seite gibt es Regionen ohne ausgeprägte Cluster, die gleichwohl ökonomisch erfolgreich waren/sind (z.B. die Region Austin, die zwischen 1988 und 1991 mehr Hightech-Beschäftigte gewann als jede andere größere MSA in den USA, ohne deshalb ausgeprägte Clustereigenschaften im definierten Sinne zu besitzen, vgl. Acs 2002) oder die sich ökonomisch eher schwach entwickeln und so die populäre These stützen, nach der ein Cluster für dynamische Wirtschaftsentwicklung notwendig sei (viele ländliche Regionen ohne starke Landwirtschaft).

Welche Erklärungen lassen sich in der Literatur und der theoretischen Debatte zu dieser ambivalenten Erkenntnis bzgl. des regionalwirtschaftlichen Wertes von Clustern finden? Insbesondere vier theoretische Schulen der Wirtschaftswissenschaften und benachbarter Disziplinen liefern Argumente dafür, dass die Clusterbildung regionalwirtschaftliche Entwicklung fördert (vgl. Rocha 2004).

Die erste Denkrichtung ist verbunden mit der Idee der regionalen Wachstumspole (oder Wachstumszentren), die Hirschman (1958) mit Rückgriff auf Marshalls einzelbetriebliche Begründungen räumlicher Ballung und Perroux' rein sektorale Wachstumspole entwickelte. Regionales Wachstum sei demzufolge zu erreichen, wenn sich öffentliche Mittel (z.B. der expliziten

Tabelle 1

Zusammenhang zwischen der Existenz eines Clusters und regionalem Wirtschaftswachstum (Beispielregionen)

Clustereigenschaften	Regionales Wirtschaftswachstum	
	Stark	Schwach
Ja	Silicon Valley der 1960er/ 70er Jahre, Regionen des „Dritte Italien" sowie München zwischen 1960 und 1990	Ruhrgebiet ab 1970er Jahre, norditalienische Industriedistrikte der 1990er Jahre, Uhrenindustrie im Schweizer Jura Ende der 1980er Jahre
Nein	Austin/TX 1980–1995	Viele ländliche Regionen ohne landwirtschaftliche oder touristische Stärken

Regionalpolitik) auf wenige zukunftsträchtige Branchen eines Landes und in ökonomisch rückständigen Regionen des gleichen Landes konzentrierten. Die daraus entwickelte Strategie der Wachstumszentren dominierte in den 1960er und 1970er Jahren die Regionalpolitik vieler der damals führenden Industrieländer inkl. Deutschlands. Sie präferierte eine „Entwicklung von oben" durch eine zentral gesteuerte Regionalpolitik und basierte auf der Ansicht, es seien im Wesentlichen regionsexogene Faktoren (insbesondere mobiles Kapital und Arbeit, selten Wissen), die die Entwicklung von (peripheren) Regionen positiv beeinflussen könnten, wobei regionsendogene Merkmale weitgehend unberücksichtigt blieben (Feser 1998).

Das Scheitern der meisten dieser Strategien führte in den 1980er Jahren zu einer Betonung endogener, also an den Merkmalen der zu entwickelnden Regionen selbst orientierten Politiken. Dieser Trend hin zu endogenen Theorien und Strategien findet sich in vielen Wissenschaftsdisziplinen (vgl. z.B. Garofoli 1992 und Armstrong/Taylor 2000) und er hat in Deutschland mit dem Konzept der endogenen Entwicklungspotenziale nach Hahne seine spezifische Ausprägung gehabt (vgl. Hahne 1985, Sternberg 2003). Es sei aber betont, dass der Begriff der endogenen Wachstumstheorie sich in Teilen der Wirtschaftswissenschaften bisweilen nicht (oder nicht ausschließlich) auf die Region bezieht, sondern auf die Endogenisierung des bis dato in formalisierten Wachstumsmodelle exogen als Residuum behandelten Faktors „Wissen" oder „technischer Fortschritt", was insbesondere für die neue Wachstumstheorie gilt (vgl. dazu Sternberg 2001). Die endogen als intraregional interpretierenden Konzepte sehen in regionaler Eigenständigkeit und der Fokussierung auf spezifische Stärken eine notwendige Voraussetzung für Regionalentwicklung. Dazu gehört eine Integration aller regionaler Potenziale wie Kultur, Institutionen, Politik, natürliche Umwelt und eben auch, aber nicht ausschließlich, Ökonomie. Regionale Besonderheiten und die Fokussierung auf kleine und mittelgroße Unternehmen und deren Verflechtungen (Netzwerke) als Träger der Regionalentwicklung kennzeichnen dieses Konzepte, zu denen die Industriedistrikte, die lernende Regionen, die flexible Spezialisierung, die innovativen Milieus und Teile der (kulturellen) Institutionentheorie zu zählen sind (einen Überblick liefert der Sammelband von Keeble/Wilkinson 2000). Insbesondere starke auch (aber nicht ausschließlich) intraregionale Innovationsnetzwerke zwischen den Unternehmen eines Clusters, haben positive Effekte für die Regionalentwicklung zur Folge (vgl. Sternberg 2002 für einen Überblick).

Die bereits erwähnte endogene oder neue Wachstumstheorie ist eine dritte Denkschule, aus der sich positive Impulse von Clustern für Regionalentwicklung herleiten lassen. Für Vertreter dieser Denkrichtung sind technologischer Wandel und Produktivitätswachstum die entscheidenden Determinanten der Regionalentwicklung. Diese sind, und das ist die entscheidende Leistung der neuen Wachstumstheorie gegenüber ihren neoklassischen Vorgängern, in formalisierte Wachstumsmodelle endogenisiert worden (vgl. Sternberg 2001 für einen Überblick aus regionaler Sicht, originär z.B. Romer 1986). Staatliche und private Investitionen in Humankapital stellen die entscheidende Triebfeder für regionales Wachstum dar, da sie technologischen Wandel beeinflussen. Die Folge, so die Argumentation, sind steigende Skalenerträge – und eben gerade nicht stagnierende oder sinkende Skalenerträge, wie von der neoklassischen Wachstumstheorie postuliert. Die Anerkenntnis steigender Skalenerträge bedeutet auch, dass positive Externalitäten existieren, womit wir bei der wichtigsten Verbindung zwischen Clustern und Wirtschaftswachstum wären: Räumliche Nähe und Innovationsnetzwerke als die zwei entscheidenden Bestandteile von Clustern verstärken die genannten Externalitäten (insbesondere die Wissens-Spillover zwischen Personen/Institutionen, aber meist nicht über Regionsgrenzen hinweg) – weshalb die Existenz von Clustern dynamische Wirtschaftsentwicklung begünstigen kann. Gerade das so genannte tacit knowledge (vgl. Krogh/Ichijo/Nonaka 2000), das an Personen gebunden und nicht kodifizierbar ist, bildet eine wichtige Ursache der sehr entfernungssensiblen Wissens-Spillover, wie empirische Untersuchungen zeigen (vgl. z.B. Audretsch/Feldman 1996), was wiederum die räumliche Ballung entsprechender Unternehmen und/oder Forschungseinrichtungen rational erscheinen lässt.

Schließlich darf die Krugman'sche „New Economic Geography" nicht unerwähnt bleiben (vgl. Krugman 1991, Sternberg 2001). Der Volkswirt Krugman bezeichnet sich hier als Wirtschaftsgeograph, allerdings aus Sicht der Disziplin, der er tatsächlich angehört und nicht eben wenig kritisiert von wirklichen Wirtschaftsgeographen (vgl. Martin 1999). Auch Krugman anerkennt steigende Skalenerträge und diese führen auf der regionalen Ebene zu einer Clusterung ökonomischer Aktivitäten mit der Herausbildung von wachsenden und schrumpfenden Regionen, wobei der Ausgangspunkt für diesen kumulativen Prozess zirkulärer Verursachung, theoretisch unbefriedigend, in historischen Zufälligkeiten gesehen wird (Krugman, 1991). Solche kumulativen Prozesse zirkulärer Verursachung, ein Terminus der bereits in den alten Polarisationstheorien zu finden ist, können je nach Region positive oder negative Konsequenzen haben und zugleich Lock-in Effekte mit zumeist negativen Konsequenzen für die Regionalentwicklung hervorrufen, was zu negativen Wirkungen einer Clusterung für die Regionalentwicklung überleitet.

Aus den genannten Theorieschulen lassen sich wenigstens vier unterschiedlich wichtige Argumente ableiten, die für einen negativen Einfluss von Clustern auf die Regionalentwicklung der betreffenden Region sprechen und die sich empirisch hinreichend belegen lassen (vgl. Rocha 2004, Rocha nennt als vierten Grund zunehmende interregionale Disparitäten innerhalb des betreffenden Landes, was aber keine Konsequenz von Clustern *innerhalb der betreffenden* Region darstellt und hier daher nicht diskutiert wird).

Die Verfügbarkeit von Clustern birgt dann erhebliche Risiken für die Wirtschaftsentwicklung der betreffenden Region, wenn nur ein oder wenige Cluster signifikant positive Effekte ausüben. Diese Art der Monostruktur macht die Region sehr krisenanfällig, da im Falle einer problematischen Entwicklung der einen oder der wenigen Branchen nicht nur diese in Mitleidenschaft gezogen werden, sondern gleich die ganze Region. Zudem sind solche Regionen stets weniger resistent gegen regionsexogene Schocks, etwa ausgelöst durch konjunkturelle Krisen, als Wirtschaftsregionen mit einer stärker diversifizierten Branchenstruktur. Der Niedergang beispielsweise des Kohle-, Eisen- und Stahlkomplexes im Ruhrgebiet ist dafür ebenso ein empirischer Beleg wie die mangelnde Wettbewerbsfähigkeit der Schweizer Uhrenindustrie Ende der 1980er, Anfang der 1990er Jahre (vgl. Grabher 1993 bzw. Glasmeier 1994). Hierbei ist zu beachten, dass die meisten Regionen nicht die Größe besitzen, um zumindest potenziell mehrere Cluster mit signifikantem Einfluss auf die Regionalentwicklung aufbauen zu können (Bergman/Feser 1999). Allerdings ist Rocha (2004) zuzustimmen, der darauf hinweist, dass monostrukturierte Cluster auf wettbewerbliche Herausforderungen und veränderte Nachfragstrukturen durchaus erfolgreich mit Anpassungsstrategien reagieren könnten, wie etwa im Silicon Valley geschehen (vgl. Rosenfeld 1997).

Auch im zweiten Fall eines negativen Clustereinflusses steht das Problem der zu starken Spezialisierung im Mittelpunkt. Die Krisenanfälligkeit ist hier nicht auf die zu große Abhängigkeit der Regionalentwicklung von einem oder wenigen Clustern, sondern auf die alleinige Fokussierung des Clusters auf einen einzige Industriezweig zurückzuführen. Gerät der eine Wirtschaftszweig, auf dem der Cluster und damit oft die Regionalentwicklung insgesamt basiert, in Schwierigkeiten, ist sogleich der ganze Cluster in Gefahr, mit allen negativen Effekte für die Regionalwirtschaft. Zahlreiche empirische Studien zeigen, dass auf mehreren, auch, aber nicht nur, intraregional eng verflochtenen Wirtschaftszweigen basierende Cluster ökonomisch weitaus günstigere Effekte für die Regionalentwicklung aufweisen als monostrukturierte Cluster (vgl. z.B. DTI 2001, Rodriguez-Posé 2001). Auch hier besitzen größere Regionen jedoch bessere Chancen, eines solche Diversifizierung innerhalb eines Clusters zu erreichen.

Die beiden restlichen negativen Effekte von Clustern sind nicht per se auf Cluster zurückzuführen, sondern können negative Begleiterscheinungen einer ökonomisch erfolgreichen Regionalentwicklung generell sein (auch solcher, die nicht durch Cluster hervorgerufen wurde). Sie können negative Wirkungen eines starken Wirtschaftswachstums insbesondere einen Anstieg der Lebenshaltungskosten und der Umweltbelastungen (inkl. Verkehr) hervorrufen, was langfristig zu einem Rückgang der Wettbewerbsfähigkeit führen kann, da es die für weiteres Wirtschaftswachstum notwendige Zuwanderung von hochqualifizierten und anderen Arbeitskräften einschränken kann, wie zahlreiche Studien zu sehr erfolgreichen Hightech-Regionen (vgl. Sternberg 1998) oder Industriedistrikten (vgl. Raco 2000) zeigen. Schließlich erhöht starkes ökonomisches Wachstum innerhalb einer Region sehr häufig auch die sozialen Disparitäten innerhalb der selben Regionen (vgl. Keeble/Wilkinson, 2000) mit einer sehr starken Segmentierung und Dichotomisierung des Arbeitsmarktes (Castells 1987), wie wir sie ebenfalls in mehreren Hightech-Regionen wie dem indischen Bangalore (OECD 2002) oder dem US-amerikanischen Silicon Valley (Harrison 1994) beobachtbar sind.

Abschließend sei betont, dass die Beziehung zwischen der Existenz von Clustern und Regionalentwicklung keine einseitige ist. Vielmehr stehen beiden Phänomene wenigstens partiell in einer interdependenten Beziehung: Cluster können Regionalentwicklung beeinflussen, sie können umgekehrt in ihrer Existenz und Wirksamkeit auch von vorheriger Regionalentwicklung und von Merkmalen der Region abhängen (vgl. zur nachfolgenden Argumentation Sternberg 2003). Die letzte These lässt sich insbesondere dann stützen, wenn die Rolle von Neugründungen innerhalb eines Clusters berücksichtigt wird, ohne die ein Cluster langfristig nicht lebendig, innovativ und damit überlebensfähig bleibt. Ganz offensichtlich haben es Regionen mit starkem Wirtschaftswachstum in der Gegenwart leichter, zukünftig neue Cluster zu generieren als solche, die aktuell ökonomisch stagnieren oder schrumpfen. Um permanent neue Unternehmen endogen, also aus der Region heraus und nicht über Zweigbetriebsgründungen regionsexterner Unternehmen, erzeugen zu können, benötigt die Region eine ausreichende Zahl von „fruchtbaren“ Inkubatoren, aus denen heraus Spinoffs in der notwendigen Qualität und Quantität entstehen können. Solche Inkubatoren sind insbesondere andere innovative Unternehmen sowie Forschungseinrichtungen. Für die Rolle von Unternehmen als Inkubatoren von Neugründungen ist es sehr wichtig, dass die Attribute der betreffenden Region attraktiv für die begrenzte Zahl an Personen ist, die prädestiniert für wachstumsstarke Gründungen sind, wie die Diskussion um die sehr disparitäre „geography of talents“ (Florida 2002) zeigt. So gesehen ist Sweeney (1987, 6) unbedingt zuzustimmen, wenn er argumentiert, dass Wachstum und Entwicklung von Regionen, auch wenn sie Resultat von Clustern sind, mehr ein soziales denn eine technologisches, politisches oder finanzielles Phänomen darstellen und dass deshalb lokale oder regionale Charakteristika essentiell für die Entwicklung von Regional- und Volkswirtschaften sind.

Als Fazit bleibt festzuhalten, dass unter den derzeit bekannten Rahmenbedingungen und für Regionen in hochindustrialisierten Ländern die Wahrscheinlichkeit steigen wird, dass Cluster Regionalentwicklung positiv beeinflussen werden. Eine positive Wirtschaftsentwicklung durch Cluster kann sich dann ergeben, wenn ein Cluster konkrete betriebswirtschaftliche Vorteile für Unternehmen in einem solchen Cluster verspricht (wobei die Wahrnehmung der Unternehmer ex-ante und ex-post durchaus unterschiedlich sein kann) oder tatsächlich generiert. Es geht im Kern also um Faktoren, die dazu führen, dass Unternehmen derselben oder verwandter Industrien sich räumlich ballen. Diese Unternehmen können im Aggregat dann die Basis für positive regionale Wirtschaftsentwicklung bilden. Damit sind die seit Marshall bekannten positiven Agglomerationseffekte (oder Externalitäten) angesprochen, die eine solche räumliche Ballung aus den einzelwirtschaftlichen Motiven heraus erklären (zu den Beispielen vgl. Enright 2003):

- Urbanisationsvorteile: Agglomerationseffekte durch Co-Präsenz vieler Unternehmen unterschiedlicher Branchen. Hierzu zählt auch die Möglichkeit der gemeinsamen Nutzung aufwändiger Infrastruktureinrichtungen, die die Möglichkeiten eines einzelnen Unternehmens oder Wirtschaftszweiges übersteigen. Beispiele sind die Fischindustrie in Nelson (Neuseeland), die Frachtindustrie in Hongkong und Singapur, die chemische Industrie an der US-amerikanischen Golfküste oder die Blumenbranche in den Niederlanden.

- Spezialisierte Arbeitskräftepools: Dieses Element der Lokalisationsvorteile kann zur räumlichen Ballung verwandter Branchen dadurch beitragen, dass sie eine stärkere Spezialisierung der Unternehmen (und u.U. auch der Region) und damit eine höhere Effizienz erlauben. Ein wissenschaftlich gut untersuchter Beleg für diese Argumentation ist die Filmindustrie in Los Angeles (Hollywood, vgl. Scott 2002).
- Spezialisierte Dienstleister: Auch sie sind ein Element der Lokalisationsvorteile und können ein wichtiges Bindeglied zwischen Konsumenten, Endproduzenten und Zulieferern innerhalb eines Clusters bilden, das die Wertschöpfungskette schneller und effizienter macht. Besonders in Wirtschaftszweigen mit sehr raschem Wandel der Inputs and der Hardware und in solchen, in denen die größten Kunden dem gleichen Wirtschaftszweig angehören (z.B. Chemische Industrie und einige Finanzdienstleistungen), kann die Verfügbarkeit lokaler hochspezialisierter Dienstleister von großer Bedeutung sein.
- Wissensentstehung und knowledge-spillover: Am offensichtlichsten und aktuellsten sind die Wirkungen der räumlichen Ballung im Wissensentstehungs- und Innovationsprozess. Wissen und die Entstehung von Wissen sind eine zunehmend wichtigere Determinante regionalen Wirtschaftswachstums, weshalb sie auch in neuere theoretische Konzepte wie der „New Economic Geography" eines Paul Krugman oder der neuen regionalen Wachstumstheorie mehr oder weniger umfangreich thematisiert werden. Lokale Wissens-Spillover spielen in beiden Ansätzen eine wichtige, wenn auch in ihrer Bedeutung unterschiedliche Rolle. Bei Krugman findet neues Wissen lediglich als *eine* Ursache (und Folge) räumlich-sektoraler Spezialisierung (also der Clusterbildung) seine Berücksichtigung, woraus Konsequenzen für die Regionalentwicklung abgeleitet werden können. Im Rahmen der neuen Wachstumstheorie ist dagegen neues technisches Wissen der zentrale Produktionsfaktor, dessen Mobilität bzw. Immobilität (zwischen Personen, Unternehmen, Branchen, Ländern) im Mittelpunkt des Interesses steht. Technisches Wissen ist nicht räumlich ungebunden, da die Effekte innovativer Prozesse räumlich begrenzt sind. Allerdings vermag die neue Wachstumstheorie die spezifischen Prozesse der Wissensentstehung innerhalb einer bzw. zwischen zwei benachbarten Regionen (also subnationalen Raumeinheiten) in ihren Auswirkungen auf regionale Wachstumsprozesse bislang nicht ausreichend zu erklären. Dies hat einerseits mit der generell zu geringen Fokussierung auf die Region zu tun, andererseits mit der Vernachlässigung des tacit knowledge als die Regionalentwicklung beeinflussende Wissensart. Das von Polanyi (1958) erstmals thematisierte „tacit knowledge" als implizites, unkodiertes und an Personen gebundenes Wissen besitzt aus nahe liegenden Gründen einen sehr starken Zusammenhang zur Region,

und zwar als Ursache und als Wirkung von Regionalentwicklung. Tacit knowledge in der ursprünglichen Bedeutung von Polanyi, kann – wenn überhaupt – nur über face-to-face Kontakte vermittelt werden.

III. Bedingungen für den positiven Einfluss eines Clusters auf regionale Wirtschaftsentwicklung

Welche Bedingungen müssen erfüllt sein, damit (bestehende oder zu schaffende) Cluster zu positiver Regionalentwicklung führen? Erstens muss versucht werden, die potenziell negativen Effekte von Clustern zu verringern oder auszuschließen. Enright (2003) betont, dass fünf grundlegende Scheiterursachen für ein Cluster existieren, wobei in der Vergangenheit zumeist mehrere Ursachen für den Niedergang eines Clusters verantwortlich waren.

- Mangelnde Nachfrage für die Produkte eines Clusters: typisch in späteren Altindustrieregionen, die in früheren Epochen Hightech Regionen waren (Bspw. der Kohle-, Eisen- und Stahlcluster im Ruhrgebiet, die Luftwaffencluster in Südkalifornien oder die Minicomputer an der Route 128/ Boston.)
- Obsoleszenz der entsprechenden Organisations- und Produktionsstrukturen: relevant in Teilen der Maschinenbauindustrie in Baden-Württemberg, die von flexibel und hochspezialisiert produzierenden Unternehmen in anderen Ländern überflügelt wurden. Ähnlich erging es in früheren Dekaden vielen handwerklich organisierten Wirtschaftszweigen, als die industrielle und hochstandardisierte Massenproduktion einsetzte und viele Auto-, Luftfahrt, Maschinenbau- und Chemiecluster revolutionierte und nicht selten durch Cluster in anderen Regionen ersetzte.
- Geringere Wettbewerbsfähigkeit gegenüber konkurrierenden Clustern anderswo: bekanntestes Beispiel einer Wanderung eines Clusters ist die Messerwaren- und Besteckindustrie, die zunächst in Sheffield (GB), dann in Solingen (D) und später in Seki (Japan) räumlich sehr stark konzentriert war.
- Abnahme der Kooperationen zwischen den Unternehmen eines Clusters: diese für Cluster lebensnotwendigen Verflechtungen können bei älteren und mittlerweile durch Großunternehmen mit weltweiten Distributionsnetzen dominierten Clustern quantitativ und qualitativ abnehmen, wie von einzelnen Autoren für das heutige Silicon Valley und einige der norditalienischen Industriedistrikte beobachtet.
- Verlust der Dynamik wegen Verkrustung etablierter Netzwerke: bestenfalls in Altindustrieregionen typisch, in denen die sehr engen Verflech-

tungen zwischen Unternehmen innerhalb des Clusters, einst verantwortlich für den ökonomischen Aufstieg von Region und Unternehmen, mittlerweile an Innovativität verloren haben und zum Nachteil der Regionalentwicklung werden (Lock-ins). Beispiele sind neben dem Ruhrgebiet die Schweizer Uhrenindustrie, die in den 70er Jahren nicht erfolgreich auf die Herausforderung der – dort erfundenen – Quarzuhren reagieren konnte, oder die Homecomputerindustrie an der Route 128/Boston.

Neben diesen Ursachen eines Scheiterns eines Clusters lassen sich in der Literatur Faktoren identifizieren, die die Erfolgswahrscheinlichkeit erhöhen (vgl. dazu auch Martin/Sunley 2003).

Der Cluster sollte eine signifikante Größe gemessen am Gesamtpotenzial der Region aufweisen (Anzahl der involvierten Unternehmen, Beschäftigtenzahl, Innovationsoutput, Steueraufkommen u. a. m.). Zwar ist dies keine formale Bedingung für die Existenz eines Clusters, wie in den definitorischen Vorbemerkungen in Kapitel 1 ausgeführt wurde. Für die regionalwirtschaftliche Wirksamkeit des Clusters stellt eine gewisse Größe allerdings sehr wohl eine Voraussetzung dar.

Der Cluster muss eine gewisse Lebendigkeit besitzen, also innovativ sein und bleiben und sich laufend erneuern. Innovative Netzwerke beispielsweise, ein wichtiges Element von Clustern im definierten Sinne, bleiben nicht grundsätzlich und dauerhaft innovativ. Wenn sie aber als Netze vorhanden bleiben ohne innovativ zu sein, drohen Lock-in-Effekte und damit negative Impulse für die Regionalentwicklung. In diesem Zusammenhang ist es auch dringend angeraten, dass sich alle Unternehmen eines Clusters nicht nur intensive Innovationskooperationen mit Partnern innerhalb der Region anstreben, sondern solche auch mit außerregionalen (insbesondere internationalen) Partnern eingehen. Die angemessene Mischung der räumlichen Reichweite der Innovationskooperationen der Unternehmen eines Clusters spielt eine wichtige Rolle nicht nur für den Erfolg des einzelnen Unternehmens, sondern auch für den ökonomischen Erfolg des gesamten Clusters und damit der Region, wie die interregional vergleichenden Resultate des European Regional Innovation Survey (ERIS) diesbezüglich zeigen (vgl. Sternberg/Arndt 2001).

Ein an den regionalen Potenzialen orientierter Branchenmix der beteiligten Akteure (Unternehmen, Forschungseinrichtungen, Politik, Kreditgewerbe) eines Clusters verringert nicht nur die Krisenanfälligkeit, sondern erhöht auch die Erfolgswahrscheinlichkeit. Die Faustregel sollte dabei lauten: soviel Ähnlichkeit der Branchen der Unternehmen wie möglich, um die notwendige Spezifität der Region zu erreichen und soviel Heterogenität wie nötig, um Lerneffekte zu generieren und Lock-ins zu vermeiden.

Auch die Verteilung der Betriebsgrößenklassen sollte so aussehen, dass Diversifizierung erkennbar ist. Ein Cluster sollte weder nur kleine noch nur große Unternehmen umfassen, zumindest nicht nach Verlassen der frühen Phase des Lebenszyklus' des Clusters. Dabei sollten originäre Neugründungen aus der Region selbst stets in angemessener Anzahl und Qualität vorhanden sein, denn nur aus solchen Start-ups können die angestrebten „Gazellen" und dann – in sehr seltenen Fällen – irgendwann neue Großunternehmen à la SAP hervorgehen. Deren regionale Bindung ist dann sehr groß und führt zu den seitens der Wirtschaftspolitik von Clustern eigentlich erhofften nennenswerten Beschäftigungseffekte in der Region. Von regionsexternen, oft multinational agierenden Großunternehmen eröffnete Zweigbetriebe hingegen besitzen zumeist nur eine sehr geringe Standortbindung.

Schließlich sollten im Rahmen einer clusterbasierten regionalen Wirtschaftspolitik stets vier Dimensionen eines Clusters berücksichtigt werden (Bathelt/Glückler 2002): die horizontale, die vertikale, die institutionelle und die (cluster)externe Dimension. Die vertikale Clusterdimension bezieht sich insbesondere auf die Verflechtungen (z.B. Zuliefer- und Absatzbeziehungen) zwischen komplementären Unternehmen innerhalb eines Clusters. Je größer ein Cluster ist und je vollständiger die Glieder der Wertschöpfungskette im Cluster enthalten sind, umso größer wird der betriebswirtschaftliche Anreiz für einen Dienstleister, Zulieferer oder Abnehmer des betreffenden Wirtschaftszweiges, sich im Cluster anzusiedeln, um an den Kompetenzvorteilen durch Beobachten und Teilhaben zu partizipieren. Die horizontale Clusterdimension beschreibt die Vor- oder ggf. auch Nachteile von Unternehmen eines Clusters, die die gleichen Produkte herstellen und miteinander im Wettbewerb stehen. Zwar kooperieren sie selten miteinander, können aber quasi wie auf einem Marktplatz stets die neuesten Entwicklungen der Konkurrenten miterleben und vergleichen, wodurch Innovationsanreize und Lerneffekte hervorgerufen werden können. Während die vertikale Dimension insbesondere den Agglomerationsprozess eines Clusters zu beeinflussen vermag, trägt die horizontale Dimension zur Entstehung und zur Spezialisierung eines Clusters bei. Die institutionelle Dimension anerkennt die Herausbildung eines spezifischen Normen- und Regelsystems innerhalb eines Clusters, das das Resultat gleicher oder ähnlicher Einstellungen und Werte, fester Beziehungen und Konventionen sowie gegenseitigem Vertrauen der ökonomischen und anderer Akteure eines Clusters darstellen. Die externe Clusterdimension schließlich betont, dass für den Erfolg eines Clusters nicht nur die clusterinternen (also die drei vorgenannten Dimensionen), sondern auch die Beziehungen der Unternehmen und Institutionen zu Akteuren außerhalb dieses Clusters von Relevanz sind. Andernfalls können zu starke intracluster-Beziehungen etwa zu Lock-in-Effekten und zu allzu starker lokaler Verankerung führen, die die Lebensfähigkeit des Clusters und die Leistungsfähigkeit der zugehörigen Unternehmen bedrohen können.

Sämtliche vier Dimensionen sind zu beachten, auch wenn nicht alle Dimensionen zu jeder Zeit von gleicher Bedeutung für die Entstehung und Entwicklung eines Clusters sind.

IV. Wie lässt sich die Entstehung von Clustern mit wirtschaftspolitischen Instrumenten fördern?

Zunächst ist wichtig zu wissen, dass Cluster ohne jeglichen Einfluss der Politik entstehen können. Dies ist dann der Fall, wenn die Standortentscheidungen einer Gruppe von Unternehmern die Reaktion auf von diesen wahrgenommene Agglomerationsvorteile sind, wie sie in Kapitel 2 beschrieben wurden. Es gibt aber auch ausreichend Beispiele dafür, dass die Politik unterstützend bei der Clusterentstehung und dessen späterem Wachstum gewirkt hat, allerdings stets nur als einer unter mehreren ausschlaggebenden Akteuren bzw. Faktoren (vgl. OECD 1999). Insbesondere vieler der heutigen Hightech-Regionen, von denen einige noch vergleichsweise junge Industrieregionen sind (das Silicon Valley ist als Industrieregion noch keine 50 Jahre alt), verdanken ihre Entstehung und ihre Clustereigenschaften politischen Strategien des jeweiligen Landes und/oder der betreffenden Region selbst. Dieser Effekt kann explizites Ziel der Politik gewesen und damit intendiert sein (wie beim Research Triangle Park in North Carolina/USA, wo die regionale Technologiepolitik des Bundesstaates wirkte) oder Resultat impliziter Technologiepolitik mit nicht intendierten regionalen Zielen sein (wie beim Silicon Valley, dessen Mikroelektronikcluster ohne die Unterstützung des Ministry of Defense und der NASA so nicht entstanden wäre) (vgl. Sternberg 1998).

Ganz generell sollte die lokale/regionale Wirtschaftspolitik die oben genannten Fehler vermeiden, die dazu führen können, dass existierende Cluster wieder verschwinden (oder aufhören, positive Impulse für die Regionalentwicklung zu generieren) bzw. gar nicht erst entstehen. Dazu gehört auch zu verhindern, dass ein mit öffentlichen Mitteln finanziertes Clusterkonzept als Deckmantel für einseitig an Verbandsinteressen orientierte Branchenpolitik fungiert.

Neben diesen generellen Empfehlungen scheint es sinnvoll, nachfolgende Hinweise zu beachten. Es muss erstens darauf ankommen Wirtschaftszweige, Handwerksbranchen oder Technologiebereiche zu identifizieren, die den Touch des Originären und Originellen besitzen und die den Potenzialen der Region angemessen sind. Diese sowie sektoral verwandte Segmente der Regionalwirtschaft sollten dann zielstrebig und nachhaltig unterstützt werden. Originalität ist deshalb wichtig, weil das Clusterkonzept mittlerweile in allen Industrieländern verfolgt wird und sich im interregionalen und internationalen Regionenwettbewerb jede Region nur mit – höchstens – einem „Label" durchsetzen kann. Eine Parallele zu dem Wettrennen um das Label „Hightech Region" in den 1980er und 1990er Jahren ist offensichtlich, als eine viel zu große Zahl an Regionen mit zum Teil vollkommen ungeeigneten Voraussetzungen versuchte, zu einem neuen Silicon Valley zu werden.

Zweitens muss sich die Politik vor Ort darüber im Klaren sein, dass jede Wirtschaftsregion komparative Vorteile (und Nachteile) gegenüber anderen Regionen bei bestimmten Wirtschaftszweigen und Technologiefeldern besitzt. Die Wirtschaftsstruktur, die Technologiefelder und das Innovationssystem der betreffenden Region sind vor Entwicklung eines Clusterkonzeptes zunächst sehr sorgfältig zu analysieren mit dem Ziel, jene Bereiche zu identifizieren, auf die sich eine Clusterpolitik konzentrieren könnte. Allerdings sind die Wettbewerbsfähigkeit und die Potenziale der betreffenden Stärken nicht überall ausreichend, um daraus ein im interregionalen und damit internationalen Regionenwettbewerb ausreichend starkes Cluster entwickeln zu können. Die Existenz komparativer Vorteile genügt eben nicht aus, es müssen auch ausreichend große absolute Vorteile dieser Region bei den betreffenden Wirtschaftszweigen existieren, wobei absolut nicht etwa mit der Größe der betreffenden Unternehmen in diesen Wirtschaftszweigen verwechselt werden darf. An dieser Hürde der absoluten Vorteile werden viele Möchtegerncluster scheitern. Das Clusterkonzept ist also nicht für jede Region eine geeignete Strategie der regionalen Wirtschaftsentwicklung.

Drittens ist bei der Identifizierung etwaiger Cluster oder ihrer Elemente unbedingt auf aus dem Markt (d.h. den Unternehmen oder Forschungseinrichtungen der Region) kommende Impulse Rücksicht zu nehmen. Vor am Reißbrett und ausschließlich von Bürokraten entwickelten Greenfield-Konzepten ist dringend zu warnen. Zwar kann die Führerschaft durchaus bei der Politik liegen. Auf eine gewisse Berücksichtigung auch unternehmerischer Vorstellungen sollte aber nicht verzichtet werden, wie das positive Beispiel des Research Triangle Park in NC/USA bzw. das negative Beispiel von Sophia Antipolis in Süd-Frankreich zeigen (vgl. Sternberg 1995, 1998). Damit zusammen hängt die Empfehlung zum Aufbau einer geeigneten Cluster-Organisation/Institution, die von der öffentlichen Hand *und* Privaten getragen und von einer oder wenigen starken und in der Region angesehenen Persönlichkeiten geführt werden sollte.

Viertens ist es ratsam, eindeutige geographische Grenzen des Clusters schon frühzeitig zu bestimmen. Dies erhöht die Identifikation der beteiligten Städte und Gemeinden mit dem Clusterkonzept (und deren Bereitschaft zur Mitfinanzierung) und lässt Missverständnisse bei der Abschätzung des Clusterpotenzials gar nicht erst entstehen.

Fünftens sollte sich keine Region dauerhaft auf nur *einen* Cluster und damit oft wenige Branchen versteifen. Jedes Cluster und jede Branche durchläuft Lebenszyklen, deren Länge von Branche zu Branche differiert, immer aber ex-ante unbekannt ist, und an deren Ende das Absterben der Branche steht. Branchenbezogene Monostrukturen bergen aber große Risiken für die Regionalentwicklung, wie die Erfahrungen mit den heutigen Altindustrieregionen, die einst Wachstumsregionen mit einseitiger Konzentration auf wenige Branchen waren, belegen (vgl. Grabher 1993). Es muss aber nicht nur verhindert werden, dass nur ein Cluster entsteht, sondern auch, dass versucht wird, zu viele Branchencluster innerhalb einer Region zu kreieren. Während gegen nur ein einziges Cluster neben den genannten Gründen auch das allzu große Risiko der Fehleinschätzung spricht (langfristige Prognosen der Zukunftsfähigkeit einzelner Wirtschaftszweige oder ganzer Cluster sind schwieriger denn je), überfordert eine zu großen Zahl an Clustern dagegen die Leistungsfähigkeit regionaler Wirtschaftsförderung und erschwert die internationale Vermarktung des Clusters bzw. der Region.

Generell sei der Wirtschaftsförderung einer Region schließlich empfohlen, sich Zeit zu nehmen und Geduld zu bewahren, wenn es um die Förderung bestehender oder geplanter Cluster geht. Dies muss nicht bedeuten, dass im Sinne einer Politik der ruhigen Hand nichts getan wird, sondern vielmehr, dass regelmäßig und über einen langen Zeitraum angemessen viel unternommen wird, ohne dabei an kurzfristigen Erfolgen etwa innerhalb einer Legislaturperiode orientiert zu sein. Auch hier sei an das Beispiel des Silicon Valley erinnert: es dauerte Dekaden bis aus technologischen Erfindungen (z.T. stammen diese nicht einmal aus dem späteren Silicon Valley selbst) weniger Unternehmen ein Cluster entstand, der auf Ebene der Region auch in Arbeitsmarktdaten sichtbar wurde. Kleine Schritte gehen, erreichbare und klar erkennbare Ziele setzen und so die Identifizierung der Clustermitglieder mit dem Cluster erhöhen – dies muss die Devise sein. Zeit nehmen darf andererseits aber nicht heißen, dass politische Maßnahmen dauerhaft sein müssen. Über die Lokalisation branchenspezifischer Cluster innerhalb eines Landes und seiner Regionen wird innerhalb einer relativ kurzen Zeitphase der Evolution eines Wirtschaftszweiges entschieden. Anschließend lässt sich die räumliche Verteilung der Cluster kaum noch durch die Politik verändern (Brenner/Fornahl o.J.).

V. Fazit

Anstelle einer Zusammenfassung der bisherigen Ausführungen sei abschließend festgehalten, dass dem Nutzen von Clustern aus regionaler Sicht immer auch potenzielle Kosten gegenüberstehen (vgl. Martin/Sunley 2003). Cluster können, das haben die bisherigen theoretischen Begründungen und empirischen Belege gezeigt, positive Wirkungen für die Wirtschaftsentwicklung einer Region haben, da sie das Wachstum, die Produktivität, die Profitabilität, die Wettbewerbsfähigkeit, die Beschäftigtenentwicklung und die Entstehungswahrscheinlichkeit von Unternehmen innerhalb eines Clusters erhöhen. Über die Gesamtheit aller oder vieler Unternehmen kann so Regionalentwicklung positiv beeinflusst werden. Potenzielle Nachteile eines Cluster seien umschrieben mit den Schlagworten Überspezialisierung, institutionelle Lock-in-Effekte, wachsende soziale Disparitäten sowie Anstieg von Arbeits-, Lebenshaltungs- und Umweltkosten. Dies sind partiell allerdings negative Effekte starken regionalwirtschaftlichen Wachstums generell, unabhängig davon ob dies durch Cluster oder auf andere Weise verursacht wurde.

Die bisherigen Erfahrungen zeigen, dass ein Cluster weder grundsätzlich positive noch per se negative Wirkungen für die regionale Wirtschaftsentwicklung hervorruft und seine Effekte sehr von den ganz konkreten raumzeitlichen Zusammenhängen und Gegebenheiten abhängen, unter denen ein Cluster existiert. Dies bedeutet, dass es keine pauschal gültigen Clusterkonzepte für alle Regionen einer Epoche bzw. oder für eine Region zu allen Zeiten geben kann. Das selbe Clusterkonzept, das in einer Region zu einer bestimmten Zeit erfolgreich war, kann zur gleichen Zeit in einer anderen Region (trotz ähnlicher Rahmenbedingungen) scheitern – und dies gilt auch für die erst genannte Region zu einer anderen Zeit. Auch wenn regionale Wirtschaftsförderer oder Regionalpolitiker solche allgemein gültigen Konzepte suchen, was verständlich ist, da sie Arbeit, Zeit und Geld sparen würden, sollte jeder skeptisch sein und bleiben, wenn er meint, sie gefunden zu haben. Andere einst als Erfolgskonzepte kommunaler und/oder regionaler Wirtschaftsförderung deklarierte Einrichtungen der älteren und jüngeren Vergangenheit wie z.B. Wachstumspole, Industrie- und Gewerbeparks oder Technologie- und Gründerzentren waren nie überall, sehr wohl aber an manchen Standorten erfolgreich. Daher muss die sorgfältige und ehrliche Analyse des ökonomischen Status-quo einer Region stets am Anfang aller Überlegungen in Richtung eines Clusterkonzeptes stehen. Diese Analyse sollte stets gemeinsam von regionalen Institutionen und außerregionalen, objektiven Forschungseinrichtungen erfolgen, unbedingt ergebnisoffen sein und berücksichtigen, dass die Neigung zu regionaler Konzentration in den Wirtschaftszweigen eines Landes und einer gegebenen Zeit sehr unterschiedlich ist. Sollte sich herausstellen, dass die betreffende Region nur über wenige Unternehmen in Wirtschaftszweigen verfügt, die im betreffenden Land räumlich stark konzentriert sind und ergo das Potenzial der Region für einen langfristig tragfähigen Cluster nicht ausreicht, sollten alle weiteren Schritte in diese Richtung unterbleiben und ehrlich anerkannt werden, dass dieses Konzept in dieser Region und zu dieser Zeit nicht erfolg versprechend ist. „Wishful thinking cluster", wie Enright (2003) sie nennt, sind in jedem Fall zum Scheitern verurteilt und öffentliche Mittel zu deren Schaffung sollten sinnvoller eingesetzt werden.

Literatur

Acs, Z. (2002): Innovation and the Growth of Cities, Cheltenham/Northampton

Armstrong, H./*Taylor,* J. (2000): Regional Economics and Policy. Oxford (3rd Ed.)

Audretsch, D./*Feldman,* M. (1996): R&D Spillovers and the Geography of Innovation and Production, in: The American Economic Review 86, S. 630–640

Bathelt, H./*Glückler,* J. (2002): Wirtschaftsgeographie. Stuttgart

Bergman, E. M./*Feser,* E. J. (1999): Industrial and Regional Clusters: Concepts and Comparative Applications. WebBooks

Brenner, T./*Fornahl,* D. (o.J.): Politische Möglichkeiten und Maßnahmen zur Erzeugung lokaler branchenspezifischer Cluster, Jena

Castells, M. (Ed., 1987): High Technology, Space, and Society, Beverly Hills/London

Crouch, C./*Le Galès,* P./*Trigilia,* C./*Voelzkow,* H. (Eds.) (2001): Local Production Systems in Europe – Rise or Demise?. Oxford/New York

Department of Trade and Industry (DTI) (2001): Business Clusters in the UK – A First Assessment. London

Enright, M. J. (2003): Regional Clusters: What We Know and What We Should Know, in: Bröcker, J./Soltwedel, R./Dohse, D. (Eds.): Innovation Clusters and Interregional Competition. Berlin u. a., S. 99–129

Feser, E. J. (1998): Old and New Theories of Industry Clusters, in: Steiner, M. (Ed.): Clusters and Regional Specialisation, London, S. 18–40

Florida, R. (2002): The Economic Geography of Talent, in: Economic Geography 92, S. 741–755

Garofoli, G. (1992): Endogenous Development in Southern Europe, Aldershot

Glasmeier, A. (1994): Flexible Districts, Flexible Regions? The Institutional and Cultural Limits to Districts in an Era of Globalisation and Technological Paradigm Shifts, in: Amin, A./Thrift, N., (Eds.): Globalisation, Institutions, and Regional Development in Europe, Oxford

Grabher, G. (1993): The Weakness of Strong Ties: The Lock-in of Regional Development in the Ruhr Area, in: Grabher, G. (Ed.): The Embedded Firm. London, S. 255–277

Hahne, U. (1985): Regionalentwicklung durch Entwicklung intraregionaler Potentiale. München

Harrison, B. (1992): Industrial Districts: Old Wine in New Bottles?, in: Regional Studies 26, S. 469–483

– (1994): Lean and Mean. New York

Hirschman, A. O. (1958): The Strategy of Economic Development. New Haven

Keeble, D./*Wilkinson,* F. (Eds.) (2000): High-Technology Clusters, Networking and Collective Learning in Europe. Aldershot

Krogh, G. von/*Ichijo,* K./*Nonaka,* I. (2000): Enabling Knowledge Creation: Unlokking the Mistery of Tacit Knowledge and Unleashing the Power of Innovation. New York: Oxford

Krugman, P. (1991): Geography and Trade. Cambridge/Mass

Martin, R. (1999): The New „Geographical Turn" in Economics: Some Critical Reflections", in: Cambridge Journal of Economics 23, S. 65–91

Martin, R./*Sunley,* P. (2003): Deconstructing Clusters: Chaotic Concept or Policy Panacea?, in: Journal of Economic Geography 3, S. 5–35

OECD (1999): Boosting Innovation – The Cluster Approach. Paris

– (2002): International Conference on Territorial Development: Local Clusters, Restructuring Territories, and Environment-Enterprises-Districts. Paris

Polanyi, M. (1958): Personal Knowledge. Chicago

Raco, M. (1999): Competition, Collaboration and the New Industrial Districts: Examining the Institutional Turn in Local Economic Development, in: Urban Studies 36, S. 951–968

Rocha, H. O. (2004): Entrepreneurship and Development: The Role of Clusters, in: Small Business Economics 23, S. 363–400

Rodriguez-Posé, A. (1999): Convergence or Divergence? Type of Regional Responses to Socio-Economic Change in Western Europe, in: TESG 90, S. 363–378

Romer, P. M. (1986): Increasing Returns and Long-Run Growth, in: Journal of Political Economy 94, S. 1002–1037

Rosenfeld, S. (1997): Bringing Business Clusters into the Mainstream of Economic Development, in: European Planning Studies 5, S. 3–23

Scott, A. (2002): A New Map of Hollywood and the World. Paper presented at the ERSA Annual Conference in Dortmund

Steiner, M. (1998): Clusters and Regional Specialisation. London

Sternberg, R. (1995): Innovative Milieus in Frankreich: Empirischer Befund und politische Steuerung dargestellt an den Beispielen Paris, Grenoble und Sophia Antipolis, in: Zeitschrift für Wirtschaftsgeographie 39, S. 199–218

– (1998): Technologiepolitik und High-Tech Regionen – ein internationaler Vergleich. Münster, Hamburg (2. Aufl.)

– (2001): „New Economic Geography“ und „Neue regionale Wachstumstheorie“ aus wirtschaftsgeographischer Sicht, in: Zeitschrift für Wirtschaftsgeographie 45, S. 159–180

– (2002): The Regional Impact of Innovation Networks, in: Schätzl, L./Revilla Diez, J. (Eds.): Technological Change and Regional Development in Europe, Heidelberg/New York, S. 135–155

– (2003a): Das Konzept endogener Regionalentwicklung – Implikationen für Existenzgründungen und deren Förderung, in: R. Sternberg (Hrsg.): Endogene Regionalentwicklung durch Existenzgründungen? Empirische Befunde aus Nordrhein-Westfalen, Hannover, S. 4–19

– (2003b): New Firms, Regional Development and the Cluster Approach – What Can Technology Policies Achieve?, in: Bröcker, J./Soltwedel, R./Dohse, D. (Eds.): Innovation Clusters and Interregional Competition, Berlin u.a., S. 347–371

Sternberg, R./*Arndt,* O. (2001): The Firm or the Region: What Determines the Innovation of European Firms?, in: Economic Geography 77, S. 364–382

Sternberg, R./*Kiese,* M./*Schätzl,* L. (2004): Clusteransätze in der regionalen Wirtschaftsförderung, in: Zeitschrift für Wirtschaftsgeographie 48, S. 164–181

Sweeney, G. P. (1987): Innovation, Entrepreneurs and Regional Development, London

Van der Linde, C. (2005): Cluster und regionale Wettbewerbsfähigkeit: Wie Cluster entstehen, wirken und aufgewertet werden. (in diesem Band)

Lesetipps

Aus den oben genannten Titeln bieten folgende Beiträge sehr umfassende Überblicke:

Bröcker, J./*Soltwedel,* R./*Dohse,* D. (2003) (Eds.): Innovation Clusters and Interregional Competition, Berlin u.a.

Martin, R./*Sunley,* P. (2003): Deconstructing Clusters: Chaotic Concept or Policy Panacea?, in: Journal of Economic Geography 3, S. 5–35

Steiner, M. (1998): Clusters and Regional Specialisation. London

Entwicklung von Clustern – eine Aufgabe für die Regionalpolitik?

Ziele und Voraussetzungen

Von Eckhard Bergmann

Die Existenz von Clustern und Netzwerken wird vielfach als eine notwendige Voraussetzung für eine gedeihliche wirtschaftliche Entwicklung gesehen.[1] Umstrittener dagegen ist die Frage, ob der Staat durch politische Interventionen diesen Prozess stimulieren und beschleunigen kann. Bejaht man diese Frage, ist allerdings noch offen, welche föderalen Ebenen hier aktiv werden sollen.

Seit längerem werden Regionen – ungeachtet der Notwendigkeit zentralstaatlicher Politik etwa im Forschungsbereich – als geeignete gebietskörperschaftliche Ebene zur Unterstützung von Clustern und Netzwerken angesehen. Hier sollen nun im Folgenden vor allem zwei hiermit zusammenhängende Fragen angesprochen werden: Welche spezifische Leistungsfähigkeit weisen Regionen auf und wo liegen die Grenzen regionaler Aktivitäten?

I. Warum Region?

Regionen sind eine Handlungs- und Steuerungsebene zwischen dem zentralen Staat (Bund und Länder) und den dezentralen Kommunen; regionale Steuerung führt sowohl zu einer zentraleren (geht man von den Städten und Gemeinden aus) als auch zu einer dezentraleren (geht man von den Ländern aus) Ausübung von politischer Herrschaft. Sie schaffen einen Spielraum für räumlich angepasste Lösungen, bei denen das Land tendenziell überfordert wäre und zu denen die Städte und Gemeinden aus Eigeninteresse vielfach nicht bereit sind. Für eine Dezentralisierung politischen Handelns und damit auch für föderale Systeme – in denen einzelne Aufgaben an unterschiedliche staatliche Ebenen delegiert werden – sprechen sowohl politische als auch ökonomische Gründe.

---

[1] Siehe umfassend und kompetent zu diesem Thema D. Rehfeld, Produktionscluster. Konzeptionen, Analysen und Strategien für eine Neuorientierung der regionalen Strukturpolitik, München und Mering, 1999.

Die eher politische Argumentation betont zum einen die freiheitssichernde Funktion einer vertikalen Gewaltenteilung, die Begrenzung und Kontrolle politischer Macht durch den Föderalismus. Zum anderen wird auf die besseren Mitwirkungschancen der Bürgerinnen und Bürger in einem föderalen Staat verwiesen. Dezentrale Strukturen sind stärker an den Wünschen und Interessen der Beteiligten orientiert, weisen ausgeprägtere Mitwirkungs- und Kontrollmöglichkeiten auf und sind in Problemlösung und Vollzug vorteilhafter.

Die eher ökonomischen Rechtfertigungen stellen auf die Frage ab, bei welchem Zuschnitt der Gebietskörperschaften sich eine optimale Versorgung – sowohl in Bezug auf Volumen als auch Struktur – mit öffentlichen Gütern ergibt. Sie soll kostengünstig erfolgen und an den Präferenzen orientiert sein. Für dezentrale Gebietskörperschaften werden vor allem zwei Argumente ins Feld geführt:

- Kleine, homogenere Gebietskörperschaften sind eher in der Lage, sich an lokalen und regionalen Präferenzen zu orientieren. Zentrale Entscheidungen sind im Zweifel ineffektiv (die falschen Sachen werden gemacht) und ineffizient (die Sachen werden falsch gemacht).
- Eine Vielzahl dezentraler Gebietskörperschaften bilden die Basis eines föderalen Wettbewerbs und erhöhen so die Vielfalt unterschiedlicher Lösungsmöglichkeiten. Erhofft werden dadurch experimentierfreudigere und innovativere Gebietskörperschaften, die auch als gute Beispiele für andere dienen können.

Aber Städte und Gemeinden – dezentrale Gebietskörperschaften par excellence – können nicht alle Aufgaben alleine schultern. Die daraus resultierende Kooperation wird von der Einsicht in die Notwendigkeit geprägt, dass einzelne Aufgaben nur im gemeindeübergreifenden, regionalen Maßstab gelöst werden können.[2] Regionales Handeln ist somit primär koordiniertes Handeln von räumlich und sachlich miteinander verflochtenen Kommunen. Da es aber kaum rechtlich geregelte Kompetenzen für die Regionen gibt, müssen sich regionale Handlungsstrukturen und die Übertragung von kommunalen Aufgaben auf die Regionsebene im Rahmen freiwilliger Anpassungsprozesse der Kommunen ergeben. Der Begriff der Region und das regionale Handeln sind von daher immer mit kommunaler Kooperation verbunden.

---

[2] Die „Notwendigkeit einer gemeinsamen, traditionelle Gemeindegrenzen überschreitenden Aufgabenbearbeitung, insbesondere in Bereichen wie Siedlungs- und Verkehrsentwicklung, Flächen- und Bodenpolitik sowie Infrastruktur" (Heinz, 1997, S. 72) führte zu gemeindeübergreifenden Handlungsorientierungen. Es gibt eine Neuakzentuierung der interkommunalen Zusammenarbeit und eine Ausrichtung auf wichtiger werdende Kooperationsschwerpunkte.

Der Region kommt immer dann eine hohe Bedeutung zu, wenn sie als nächst höhere staatliche Ebene eine Aufgabe besser erfüllen kann als die Städte und Gemeinden. Und, so ist hinzuzufügen, wenn sie es besser kann als die nächst höhere föderale Ebene, das Land oder der Bund. Denn auch für die Region werden „Dezentralisierungsvorteile" vermutet: „Der regionalen Ebene kommt bei der Entwicklung neuer, tragfähiger Entwicklungsmodelle eine entscheidende Bedeutung zu: hier können die Folgen des eigenen Handelns unmittelbarer erfahren und verantwortet werden, hier lassen sich viele ökologische und ökonomische Zusammenhänge überschaubar gestalten, hier lassen sich dezentral in vernetzten Strukturen viele Probleme effizienter lösen, hier könnte eine breite öffentliche Diskussion über die gemeinsame Zukunft gelingen." (Schleicher-Tappeser 1992, S. 1)

Was sind die Gründe für eine regionale Zusammenarbeit? Kooperationen sind immer dann zu erwarten, wenn die administrativen Grenzen nicht mit den Wirkungsgrenzen übereinstimmen. Wirkungsgrenzen können etwa aus hoher Komplexität, realen Verflechtungen oder nicht ausgeschöpften Rationalisierungsreserven resultieren. Mehrere Argumente können dabei im Einzelnen für die Städte und Gemeinden handlungsleitend sein: Skalenerträge, Verflechtungen und Standortfragen.

Beginnen wir mit den *Skalenerträgen*: In dem Ausmaß, indem in den einzelnen Gebietskörperschaften die technischen und organisatorischen Potenziale zur Bewältigung der anstehenden Aufgaben nicht ausreichten bzw. über ein gemeinsames Vorgehen Kostenvorteile erzielt werden konnten, stieg die Bedeutung regionaler Kooperationen.[3] So sicherte man sich Einsparungs-, Bündelungs- und Synergieeffekte.

Derartige Kostenüberlegungen können auch den Anstoß für solche regionalen Kooperation bieten, die in den *realen Verflechtungen* der Gemeinden ihren Ursprung finden. Denn auch nicht abgestimmte Planungen und isolierte Problemlösungen – als Beispiel mögen Doppelinvestitionen bei dann nicht ausgelasteten Kapazitäten dienen – verursachen Kosten. Gerade bei sich gegenseitig bedingenden Planungen lösen nicht abgestimmte Aktivitäten einen horizontalen Koordinationszwang aus.

Die zu beobachtende „Renaissance des Regionalen" (vgl. u. a. Danielzyk, et al. 1997) speist sich aber noch aus einer weiteren Quelle. Denn in dem Prozess der Globalisierung, in einer Welt freien grenzüberschreitenden Warenverkehrs ist die internationale *Vergleichbarkeit der Standorte* leichter geworden. Regionalen Faktoren kommt nun bei der unternehmerischen Suche

[3] Nun ist dies beileibe kein neues Phänomen: Schon immer haben Gemeinden kooperiert, wenn die mangelnde Finanzkraft einzelner zur Finanzierung – gerade größerer – Projekte nicht ausreichte. Aber jenseits dieser sektoralen Kooperation steigt die Bereitschaft zu einer breiter angelegten und umfassenderen Kooperation.

nach der geeigneten Niederlassung ein größeres Gewicht zu. Damit gewinnt ein neues Ziel regionaler Kooperation an Gewicht: Eine aufeinander abgestimmte regionale Entwicklung zur Sicherung der regionalen – insbesondere der regionalwirtschaftlichen – Funktionen. Gerade auch für die regionale Wirtschaftsförderung gilt, dass in den einzelnen Kommunen die technischen und organisatorischen Potenziale zur Bewältigung der anstehenden Aufgaben nicht ausreichten bzw. über ein gemeinsames Vorgehen Kostenvorteile erzielt werden konnten.

Die Bereitschaft zur regionalen Kooperation wurde durch die Einsicht erleichtert, dass nicht mehr der lokale Standort, sondern das Ensemble von regionalen Standortbedingungen entscheidend sein wird. Ein entsprechendes Angebotsprofil wird dabei verstärkt von regionalen Kriterien (regionale Zulieferer und Dienstleistungsunternehmen, Netzwerke im Bereich Forschungs- und Wissenstransfer, regionales Wohn-, Kultur- und Freizeitangebot usw.) mitbestimmt.

Die Region wirbt aber nicht nur um ökonomische Akteure (Unternehmen und Arbeitskräfte), sondern die Region kann auch – besser als Städte und Gemeinden alleine – eine effektive Interessenvertretung in Richtung „Bund und Länder" sein. Das Bemühen, öffentlich Institutionen wie Hochschulen oder Forschungseinrichtungen in die Region zu holen, der Versuch, bei der räumlichen Verteilung staatliche Infrastruktur – etwa Straßenbau – auch die Region angemessen auszustatten und das Einwerben von Fördermitteln – gerade gegenüber dem Land – macht eine gemeinsames Auftreten unabdingbar.

II. Ziele der Regionalpolitik

Der Versuch der Regionen, ihre Politik stärker an der Verbesserung ihrer Wettbewerbsfähigkeit zu orientieren, korrespondiert mit den Bemühungen insbesondere einzelner Länder, im Rahmen ihrer Regionalpolitik eine Regionalisierung von oben zu forcieren. Aus der Erkenntnis, dass gerade die (wirtschaftlichen) Problemlagen – auch räumlich – heterogener geworden sind und sich gegen zentrale Lösungen sperren und dass ohne Kenntnisse und Unterstützung vor Ort Programme ineffizient werden können, wird der Region ein höherer Stellenwert zugemessen. Eine derartige Regionalpolitik – oder auch: regionalisierte Strukturpolitik – ergänzt so die eigenständigen regionalen Aktivitäten.

Generell kann man Regionalpolitik als den Versuch bezeichnen, regionale Lebensbedingungen zu gestalten. Dies gilt in dreierlei Hinsicht:

- Ordnung,
- Ausgleich,
- Entwicklung.

Im Rahmen des Ordnungsziels geht es um die Sicherung und Herstellung einer nachhaltigen räumlichen Siedlungsstruktur, im Rahmen des Ausgleichsziels um einen Ausgleich zwischen Räumen unterschiedlichen Entwicklungsniveaus und unterschiedlicher Entwicklungsintensität und im Rahmen des Entwicklungsziels um die Entwicklung und Umstrukturierung von (strukturschwachen) Regionen.

Bei Netzwerken und Clustern steht *Entwicklung* im Vordergrund. Angestrebt wird die Förderung der regionalen Wirtschaftskraft und optimale Ausnutzung der in ihr vorhandenen und zu entwickelnden Produktionsfaktoren. Aber ohne Beachtung der beiden anderen Dimensionen ist eine flächendeckende Regionalpolitik, die etwa auch für strukturschwache, ländliche Regionen Steuerungsleistungen erbringen will oder die bspw. dem Gedanken einer nachhaltigen Regionalentwicklung – was immer das im Einzelnen auch sein mag – Geltung verschaffen will, nicht möglich. Doch dazu später mehr.

Will man Regionen entwickeln, wird man insbesondere, das ist inzwischen ein Gemeinplatz geworden, an vier Stellschrauben drehen müssen: Kosten senken, Flexibilität – insbesondere im administrativen Bereich – erhöhen, Kommunikationskultur verbessern und das Innovationspotenzial stärken. Die Anstrengungen hiefür müssen von beiden Seiten ausgehen: Bund und Länder haben etwa im Rahmen ihrer Politik dafür Sorge zu tragen, dass adäquate Randbedingungen für eine an Innovationen ausgerichtete Politik der Regionen geschaffen werden. Dazu gehört bspw. auch die Bereitstellung all der öffentlichen Güter, etwa im Bereich der Forschungspolitik, die von den Regionen – insbesondere wegen der damit verbundenen Spillover – nicht bereit gestellt werden können.

Die Regionen auf der anderen Seite müssen stärker als bisher versuchen, alle endogenen Ressourcen – und hier insbesondere die regionale Faktorausstattung wie Humankapital und Infrastruktur – zu mobilisieren, um bestehende positive Entwicklungsprozesse zu stärken und neue Wachstumsfelder zu erschließen. Die Firma Prognos hat im Rahmen der Erstellung des „Technologieatlas 2002", in dem die technologische Leistungsfähigkeit einzelner Regionen miteinander verglichen wird, auch die Faktoren benannt, von denen der Erfolg von Regionen im Wesentlichen abhängt:

1. „Eine solide Basis an technologisch aktiven und erfahrenen Unternehmen,
2. die Konzentration von Clusterstrukturen auf engem Raum,
3. ein hohes absolutes und relatives FuE-Beschäftigtenpotenzial in Wirtschaft und Wissenschaft,
4. ein ausgewogener Branchen- bzw. Technologiemix, der auch einen Risikomix darstellt (Spezialisierung bei Diversifizierung),

5. ein hoher – technologieorientierter – Dienstleistungsanteil in der Wirtschaftsstruktur,
6. die Einbindung in den internationalen Austausch von Wissen, Innovationen und Gütern mit führenden Regionen in der übrigen Welt,
7. eine strategische Fokussierung der Wirtschafts- und Technologiepolitik auf die – auch perspektivischen – Bedarfe der Wirtschaft sowie einer wirksamen Vernetzung von Akteuren (Staat, Unternehmen und intermediäre Organisationen) und Aktivitäten (Programme, Maßnahmen und Wettbewerbe),
8. ein wirtschaftsfreundliches Klima und ein hervorstechendes Image einer Region, die als Selbstverstärker im Entwicklungsprozess wirken.“ (www.prognos.com/html/p_techatlas.html)

Hier wird auch schon das Wechselspiel zwischen technischem Potenzial und räumlicher Konzentration sichtbar. Erfolge werden dort erzielt, wo die Innovationsvorhaben an die wirtschaftlichen und technologischen Strukturen in der Region anknüpfen. „Demzufolge spielt das vorliegende Technologie- und Innovationspotenzial der Region und die Positionierung der Wirtschaftsregion im globalen Wirtschaftsraum eine entscheidende Rolle für die Möglichkeit hochtechnologieorientierter Unternehmensgründungen.“ (Kraus 1999, S. 306).

Regionalen Faktoren kommt also bei der unternehmerischen Suche nach dem geeigneten Standort ein größeres Gewicht zu. Insbesondere einem Standortfaktor wird hierbei ein hoher Stellenwert zugemessen: den regionalen Milieus und den regionalen Netzwerken (vgl. u. a. Lammers 1999). Derartige Standortqualitäten können gerade auf dezentraler Ebene gut organisiert werden, als ausgesprochen standortspezifische Merkmale können sie entsprechende regionale Wettbewerbsvorteile erzeugen.

Die Relevanz von Regionen für die Wettbewerbsfähigkeit ergibt sich auch aus neueren Entwicklungen der Volks- und Betriebswirtschaftslehre. Danach stehen bei der Diskussion über Wettbewerbsfähigkeit aus gesamtwirtschaftlicher Sicht nicht mehr die Nationen im Vordergrund, sondern – in der Argumentation Krugmans – regionale konzentrierte „Cores“. Folgt man der einzelwirtschaftlichen Betrachtung – und schließt sich Porter an –, ist nicht mehr die isolierte einzelne Unternehmung der Maßstab, sondern das Zusammenspiel der Unternehmen in einem Cluster. Beide Ansätze konvergieren letztlich in der Feststellung, dass Regionen, dass regional konzentrierte ökonomische Aktivitäten stärker in den Vordergrund gestellt werden müssen (vgl. Meckl et al. 1995).

III. Regionalpolitik ist voraussetzungsreich

Regionale Gestaltung ist jedoch voraussetzungsreich. Sie setzt insbesondere voraus, dass die Region Gestaltungsmöglichkeiten aufweist, dass die Region Gestaltungskompetenz besitzt und dass die Region eine Gestaltungsrichtung vorgeben kann.

1. Gestaltungsmöglichkeiten

Es ist relativ unstrittig, dass insbesondere Regionen gut geeignet sind, in eigener Regie endogene Potenziale zu aktivieren. Denn Regionen sind näher an den Präferenzen der Akteure, hier lassen sich Dialog und Kommunikation effizient organisieren, hier können positive Bündelungseffekte – Stichwort Netzwerke und innovatives Milieu – erzielt werden. Diese Bündelungseffekte gelten analog auch für Unternehmen: Sind einzelne Betriebe – gerade im mittelständischen Bereich – noch in der Lage, die für den Weltmarkt notwendigen (Innovations)Aktivitäten zu entfalten oder bedarf es nicht in einzelnen Feldern einer regionalen Kooperation? Regionen scheinen geeignet, gerade private und staatliche Akteure zusammen zu binden.

Aber jenseits dieser allgemeinen Vorteile ist generell zu fragen und für jede Region zu prüfen, ob und in welchem Ausmaß es auf der regionalen Ebene eigenständige Handlungsoptionen und strategische Alternativen gibt oder ob Regionen in bestimmten Bereichen nicht lediglich der Resonanzboden für makroökonomische Veränderungen sind?

„Auf der einen Seite steht die Annahme der vollständigen exogenen Bestimmung der regionalen Entwicklung. Die Region wird als Raum begriffen, der die entwicklungsnotwendigen Produktionsfaktoren bereithält. Als Folge von äußeren Einflüssen finden innerhalb der Region bestimmte Anpassungsprozesse statt, ohne dass die Region Einfluss darauf hätte. ... (Auf der anderen Seite) wird die Region als Raum begriffen, in dem unternehmerische Aktivitäten und die Interaktion der lokalen Bevölkerung auf Grundlage der regionalen Ressourcen stattfinden. Der Abbau regionaler Disparitäten und die Überwindung einer regionalen Unterentwicklung vollzieht sich durch die Aktivierung intraregionaler Entwicklungspotentiale und nicht durch exogene Wachstumsimpulse." (Berger 1999, S. 140 f.)

Die beiden Seiten dieses Kontinuums stellen die Extrempunkte dar, eine realistische Einschätzung der regionalen Leistungsfähigkeit liegt dazwischen. Wenn auch beides gilt, so wird der Anteil der endogenen Potenziale jedoch leicht überschätzt. Externe Parameter, seien sie Unternehmensstrategien oder seien sie politische Rahmenbedingungen übergeordneter föderaler Ebenen (bspw. Forschungspolitik oder ökologische Steuerreform), sind prinzipiell erst einmal als gegeben hinzunehmen und die regionalen Strategien daran auszurichten.

Realistische Annahmen über das von der Region Leistbare sind aber auch deswegen notwendig, um nicht systematisch Enttäuschungen zu produzieren. Für jede regionale Strategie ist von daher vorab zu prüfen, welche Bedeutung den intraregionalen Strukturen zukommt und wie der Stellenwert externer Parameter einzuschätzen ist.

Hinzu kommt, dass die politischen Aktivitäten der Region, ihre Wettbewerbsfähigkeit zu stärken, nicht kostenlos sind. Für strukturschwache Regionen kann daraus leicht ein Teufelskreislauf entstehen: Wegen der Strukturschwäche sind die öffentlichen Finanzen knapp, deswegen ist wenig Spielraum für eine regionale Politik vorhanden, die der Strukturschwäche entgegen wirken könnte. Strukturstarke Regionen haben es dann – aus den spiegelbildlichen Gründen – erheblicher leichter, eine Regionalpolitik zu Stärkung ihres Standortes zu betreiben.

2. Gestaltungskompetenz

Regionen können sowohl von ihrem räumlichen Zuschnitt als auch ihrer politischen Verfasstheit außerordentlich unterschiedlich sein. Das Kontinuum reicht zum einen von Metropolregionen bis hin zu kleinen, eher naturräumlich abgegrenzten Gebilden, zum anderen finden wir lose regionale Kooperationen und politisch verfasste Körperschaften. Gerade der letzte Punkte – wie sind Regionen organisiert? – spielt für ihre Handlungsfähigkeit jedoch eine zentrale Rolle.

Verfasste regionale Gebietskörperschaften sind in Deutschland – sieht man einmal von Hannover und (mit Abstrichen) von Stuttgart ab – nicht vorhanden. Die Träger regionaler Strategien sind – insbesondere im Bereich Netzwerke – oft informelle Kooperationen. Dies hat Vorteile: Derartige Institutionen sind flexibel, innovativ, kommunikationsstark. Anstatt starre Verwaltungseinheiten zu installieren, wird für flexible Poblemlösungsverbünde plädiert. Regionen werden hier nicht administrativ, sondern nach Problemzusammenhängen und Handlungsnotwendigkeiten definiert, sie können auf unterschiedlichste (räumliche) Problemlandschaften zugeschnitten werden.

Für verfasste Regionen spricht hingegen, dass ab einem bestimmten Ausmaß der Verflechtungen, Abhängigkeiten, aber auch: der Interessenkonflikte, „auf Dauer eine öffentlich-rechtliche, kommunal verfasste Institutionalisierung jenseits flexibler Akteursnetze“ (Mäding 1998, S. 7) notwendig wird. Die Forderung nach „der Formenklarheit staatlicher Handlungsräume, nach der Transparenz der Entscheidungsstrukturen, nach der demokratischen Legitimation und nach der rechtsstaatlichen Verfahrenssicherheit" (Fürst et al. 1994, S. 13) legt es dann nahe, regionale Kooperationen als öffentliche Körperschaften zu institutionalisieren.

Übersicht

Harte Kooperationen	Weiche Kooperationen
Merkmale	
Feste, institutionalisierte Systeme	Informelle Regelsysteme
Auf Dauer angelegt	Zeitlich begrenzt
Konkrete Ziele	Abstrakte Ziele
Schmale Akteurspalette	Breite Akteurspalette
Administrative Orientierung	Private Public Partnership
Hierarchische Steuerung	Flexible Steuerung
Rechtliche verbindl. Entscheidungen	Selbstbindung
Begrenzte Austrittsmöglichkeiten	Austritt leicht möglich
Politische Kontrolle	Öffentliche Kontrolle
Sanktionsmöglichkeiten	Vertrauen und Konsens
Kurze Entscheidungswege	Lange Entscheidungswege
Aufgabe von Handlungsautonomie	Beibehaltung von Autonomie
Bewertung	
Problemlösung	Problemdefinition
Entscheidung	Entscheidungsvorbereitung
Demokratische Legitimation	Vorentscheidersystem
Verteilungskonflikte lösbar	Tauschgeschäfte/Win-Win
Klare Kompetenzzuweisungen	Unscharfes Aufgabenspektrum
Trad. Kommunikationsroutinen	Neue Kommunikationsmuster
Geringe Flexibilität	Hohe Anpassungsfähigkeit
Verlässlich	Instabil
Verfahrenssicherheit	Überraschungseffekte
Effizient	Innovativ

Welche Form der Kooperation – verfasste Körperschaften oder Verbände – aber auch immer gewählt wird: Wichtig erscheint zum einen, dass die Zusammenschlüsse im Konsens mit allen Beteiligten vorgenommen werden. Zwangsvereinigungen führen in der Regel zu großen Reibungsverlusten, die die positiven Bündelungs- und Synergieeffekte zunichte machen können; der Schritt zur verordneten und damit ablehnungsgefährdeten Gebietsreform ist dann nicht mehr weit.

Zum anderen ist es erforderlich, will man den oben skizzierten Notwendigkeiten gerecht werden und die beschriebenen Vorteile nutzen, die Kooperationen auch zur Durchführung der jeweiligen Aufgaben zu befähigen. Dazu müssen ihnen klare Aufgabenkompetenzen übertragen und Einnahmekompetenzen zugewiesen werden. Gerade der letzte Punkt – die Finanzierung der regionalen Aufgaben – wird manchmal vernachlässigt.

Darüber hinaus muss geregelt werden, wie Verteilungskonflikte gelöst werden können. Denn es ist zu vermuten, dass eine Kooperation in den Feldern, in denen es Gewinner und Verlierer gibt, und die regionale Wirtschaftsförderung gehört tendenziell zu diesen Handlungsfeldern, sehr schwer zu realisieren ist, wenn es nicht gelingt, einen Interessenausgleich zwischen den Akteuren zu organisieren.

3. Gestaltungsrichtung

Setzt man strategisch auf Netzwerke und Cluster, gewinnt diese Komponente der regionalen Politik an Bedeutung, ändert sich die Gestaltungsrichtung. Der Schwerpunkt ist nun verstärkt die Entfaltung interner regionaler Wachstumsdynamik. Dazu braucht man ein Ziel, eine Richtung, in die man die Entwicklung vorantreiben möchte.

Hier tut sich ein nicht leicht lösbares Problem auf: Cluster und Netzwerke sind nur sehr begrenzt konstruier- und planbar, sie entwickeln sich nur mit und nicht gegen den ökonomischen Prozess. Von manchen Autoren wird die Fähigkeit staatlicher Politik, in der Region Cluster aufzubauen, teilweise sehr gering eingeschätzt.[4]

Vor allem ein Argument scheint stichhaltig: Warum sollte es dem Staat gelingen, die thematischen Felder in weiser Voraussicht zu benennen, die zukunftsträchtig sein werden – Zweifel sind angebracht. So kann etwa nicht jeder Raum eine BioTec-Region oder ein IT-Valley sein. Derartige Argu-

[4] So etwa Claas van der Linde auf dem „Wissenschaftsforum: Zukunft Rhein-Main – Erfolgsfaktoren regionaler Wirtschaftsentwicklung: Cluster und Netzwerke in der Rhein-Main-Region am 4. November 2002 in Darmstadt – siehe Beitrag in diesem Band.

mente entwerten aber nicht die Notwendigkeit von regionaler Politik, sondern zeigen Grenzen auf und verweisen auf eine Ausgestaltung der Politik, die sich dieser Grenzen bewusst ist.

Wenn aber die inhaltlichen Fokussierungen an bestehenden Kompetenzen ansetzen und deren Weiterentwicklung, Arrondierung und Ausweitung zum Ziel haben, kann dies erfolgreich sein. Jenseits solcher – manchmal zu konkretistischer – Versuche können die politischen Akteure aber auf alle Fälle die Randbedingungen beeinflussen, die endogene Entwicklung braucht. Dieser Kontext ist gestaltbar – und dies zumindest auch teilweise durch die Region.

So tritt neben die Bereitstellung „klassischer" Infrastruktur die Förderung dessen, was so schön und unscharf „innovative Milieus" genannt wird. Hier finden wir eine weite Palette der bekannten Maßnahmen: vom Technologietransfer über Aus- und Weiterbildung und Beratung bis hin zur Organisation des Informationsaustausches (Rehfeld 1998).

Daneben ist die Region als Moderator, als Initiator, als Impulsgeber, als Informationsvermittler gefragt.[5] Zentral ist dabei sicherlich – neben der Stärkung der Flexibilität auf allen Ebenen – die Pflege und der Ausbau regionaler Kommunikationskultur. Es hat sich gezeigt, dass trotz aller Virtualität die persönliche face-to-face-Kommunikation unverzichtbar bleibt.

Diese Kommunikation muss übergreifend werden. Dies gilt zum einen für die Einbeziehung aller Akteursgruppen in den Prozess. Vor allem die Bedeutung einer Gruppe wird zunehmend erkannt: die Unternehmer. Ohne ihre Einbindung ist eine regionale Gestaltung kaum möglich. Aber gerade das Engagement von Unternehmern ist nicht einfach: Sie brauchen einen zurechenbaren Nutzen für ihre unternehmerischen Aktivitäten, sie haben begrenzte Zeitfenster und ihre Denkweise unterscheidet sich manchmal doch ein wenig von der der administrativen Akteure. Dies alles gilt es bei Netzwerkstrategien zu berücksichtigen und dies alles setzt auch Grenzen für derartige Aktivitäten.

Zum anderen ist eine ausgeprägte Kommunikationskultur notwendig, um die Einbettung regionaler Wirtschaftsförderungsaktivitäten in ein umfassendes regionales Leitbild sicherzustellen. Dieser regionale Prozess sollte die Aufgabe übernehmen, „in einem offenen, partizipativen und kooperativen Prozess die regionalen Stärken und Schwächen herauszuarbeiten, die Entwicklungsmöglichkeiten und -grenzen einer Region kritisch auszuloten, re-

[5] Hinzu kommt die regionale Aufgabe, den Fördermitteleinsatz abzustimmen; sektorale Versäulungen in der Infrastruktur- und Förderlandschaft sind aufzubrechen und – Stichwort Integration – die Bündelung verschiedener Maßnahmen und Projekte anzugehen.

gionale Kernprobleme zu identifizieren und in einen räumlichen Gesamtzusammenhang zu stellen. Auf dieser Grundlage sind übergeordnete Entwicklungslinien zu bestimmen und geeignete Umsetzungsideen zu entwickeln." (Scholich 1998, S. 33)

IV. Regionale Wirtschaftsförderung ist nicht alles

Regionale Politik, die vor allem die ökonomischen Belange in den Vordergrund stellt, die also klassische regionale Wirtschaftsfördering ist, springt zu kurz. Soziale und ökologische Aspekte – oder wie oben formuliert: Ausgleich und Ordnung – sind integrativer Bestandteil langfristiger Regionalentwicklung. Regionalentwicklung darf von daher nicht nur die Ausweitung ökonomischer Aktivitäten forcieren, sondern muss

- zum einen (regionales) Wachstum und Ressourcenverbrauch entkoppeln, um das Spannungsverhältnis zwischen regionalpolitischen Zielen i.e.S. und nachhaltigen Entwicklungsstrategien zu lindern und muss
- zum anderen bestrebt sein, mögliche soziale Verwerfungen zu verhindern; sie muss versuchen, soziale Ziele nicht dem ökonomischen Imperativ zu opfern.

Regionale Kooperation kann aber leichter einen Beitrag zu einer integrativen Politik leisten, die neben den ökonomischen Entwicklungswünschen auch die ökologischen und sozialen Notwendigkeiten berücksichtigt. Denn wenn in der Region kooperatives Verhalten eher die Regel als denn die Ausnahme ist, wenn die Einübung kooperativen Verhaltens in einzelnen, häufig mit Vorteilen für alle verbundenen Handlungsfeldern, zur Routine geworden ist, dann erleichtert dies auch die Bearbeitung schwierigerer, mit Verteilungskonflikten angereicherter Themen.

Es wird dann beispielsweise leichter, regionale Standorte für Gewerbegebiete im Rahmen eines regionalen Flächenmanagements festzulegen und damit auch Gewinner und Verlierer zu bestimmen, wenn über Kooperationsroutinen Vertrauen aufgebaut wurde, wenn Sozialkapital gewachsen ist.

Schwieriger wird es allerdings, wenn nicht intraregionale Konflikte, die im Zweifel über regionsinterne Ausgleichszahlungen abgefedert werden könnten, sondern die interregionale Konkurrenz handlungsleitend wird. Dann kann diese Konkurrenz leicht zu einem „Race to the Bottom" führen und damit die nächst höhere föderale Instanz auf den Plan rufen, die regulierend auf die Regionen einwirken muss – das typische Vorgehen bei über die Region hinausgehenden externen Effekten.

Dies gilt insbesondere für die ökologische Dimension der Regionalentwicklung. Räumliche externe Effekte führen dazu, dass den Interessen der

Region zu viel Aufmerksamkeit – im Gegensatz zu den Interessen anderer Regionen oder im Gegensatz zu regional übergeordneten Interessen – gewidmet wird. Die Präferenzen der regionalen Individuen sind eben nicht a priori nachhaltig; dies gilt insbesondere, wenn die Wirkungen regionaler Aktivitäten räumlich oder zeitlich an anderen Stellen auftreten.

Die Regionen sind keine Nachhaltigkeits-Protagonisten mit dem ideellen Gesamtüberblick und mit einer Verantwortung für das Ganze. Sie neigen von daher manchmal dazu, Ziele als weiche Raster, als offenen Mantel zu formulieren, um Konflikten aus dem Weg zu gehen und um eine ungestörte regionale Wirtschaftsentwicklung zu gewährleisten.

Derartige Einwände dürfen nun jedoch nicht als Verdikt gegen eine föderale Konkurrenz verstanden werden. Im Gegenteil, institutioneller Wettbewerb ist ein wichtiger Motor, der den Regionen immer wieder deutlich macht, dass das Beharren auf dem Erreichten ein Schritt rückwärts ist. Regionale Wachstumsgewinne starker Regionen sind auch volkwirtschaftlich erwünscht.

Dabei kann jedoch ein weiteres Problem auftauchen, wenn nämlich große räumliche Disparitäten zwischen strukturstarken und strukturschwachen Räumen persistent werden und der föderale Gesamtzusammenhang prekär zu werden droht. Von daher gehört zur föderalen Konkurrenz immer auch der Ausgleich für die Regionen, die – aus unterschiedlichen Gründen – eine schwächere Wettbewerbs- und Leistungsfähigkeit aufweisen.

Es geht nicht nur um die positiven Anreize durch Wettbewerb, sondern auch um föderale Solidarität durch entsprechende Ausgleichsregelungen wie etwa den kommunalen oder den Länderfinanzausgleich. Dies gilt um so mehr, wenn bestimmte Strategien – so etwa Cluster – einer (nachhaltigen) Regionalentwicklung in einzelnen Regionen zwar erfolgreich sein können, aber nicht als Blaupause für alle Regionen dienen können.

Institutionelle Ausgleichsregelungen müssen aber so ausgestaltet sein, das den Regionen weiterhin Anreize verbleiben, aktiv zu sein und ihre Potenziale auszuschöpfen. Denn die Regionen sind weiterhin der globalen Konkurrenz ausgesetzt und können sich aus der (welt)wirtschaftlichen Arbeitsteilung nicht einfach verabschieden.

Regionale Gestaltung hat dann, so kann abschließend festgehalten werden, systematische Grenzen, die es stets mitzudenken gilt. Aber dies schmälert nicht die wichtige Rolle der Regionen. Die Verdeutlichung der Notwendigkeit von Zukunftsgestaltung, die Einübung von Dialog- und Kooperationsprozessen und vieles andere mehr verweisen auf die Unerlässlichkeit, in überschaubareren Zusammenhängen dezentrale Potentiale zu nutzen. Die Mobilisierung der in den Städten und Regionen vorhandenen Ressourcen zur Lösung gerade komplexer Aufgaben kann die endogene Entwicklungsdynamik in den Regionen beschleunigen und die Akzeptanz für die zu treffenden Maßnahmen erhöhen. Die Rückbesinnung auf Eigenverantwortlichkeit und Nutzung regionaler Lernprozesse ist eine notwendige Voraussetzung für eine gedeihliche regionale (nachhaltige) Entwicklung.

Literatur

Berger, S. (1999): Die Dezentralisierung und Regionalisierung der Regionalpolitik als eine wesentliche Implikation der neuen Wachstumstheorie, Aachen, S. 140 f.

Danielzyk, R./*Müller,* B./*Schmidt,* O. (1997): Die Stadtregion als Handlungsebene – Neuere Ansätze zur interkommunalen Zusammenarbeit in Verdichtungsräumen und ihre Chancen in Sachsen, in: Dresdener Geographische Beiträge, Heft 1, Dresden, S. 91 ff.

Fürst, D. u.a. (1994): Regionalisierung, S. 13, in: ARL (Hrsg.), Raumordnungspolitik in Deutschland., Forschungs- und Sitzungsberichte 197, Hannover 1994, S. 99 ff.

Heinz, W. (1997): Ansätze interkommunaler Kooperation: Frankfurt und die Rhein-Main-Region, in: Archiv für Kommunalwissenschaften, Heft 1997, S. 72 ff.)

Krauss, G. (1999): Technologieorientierte Unternehmensgründungen – zur Bedeutung regionaler Netzwerke im Zeitalter der Globalisierung, in: Fuchs, G. u.a. (Hrsg.): Die Bindungen der Globalisierung – Interorganisationsbeziehungen im regionalen und globalen Wirtschaftsraum, Marburg, S. 285 ff.

Lammers, K. (1999: Europäische Integration und räumliche Entwicklungsprozesse: Wo bleibt die nationale Ebene?, HWWA-Diskussionspapier Nr. 75, Hamburg

Müding, H. (1998): Perspektiven für ein Europa der Regionen, in: Aktuelle Informationen des Deutschen Instituts für Urbanistik, Dezember 1998, Berlin, S. 7

Meckl, R./*Rosenberg,* C. (1995): Neuere Ansätze zur Erklärung internationaler Wettbewerbsfähigkeit, in: Zeitschrift für Wirtschafts- und Sozialwissenschaften, 1995, S. 211 ff.

Rehfeld, D. (1998): Unternehmensstrategien zwischen Regionalisierung und Globalisierung, in: Kujath, H. J. (Hrsg.): Strategien der regionalen Stabilisierung: wirtschaftliche und politische Antworten auf die Internationalisierung des Raumes, Berlin, S. 41 ff.

– (1999): Produktionscluster. Konzeptionen, Analysen und Strategien für eine Neuorientierung der regionalen Strukturpolitik

Schleicher-Tappeser, R. u.a. (1992): Perspektiven ökologischer Regionalentwicklung und Südbaden, Pfaffenweiler

Scholich, D. (1998): Bausteine einer prozeßorientierten Regionalplanung: Nicht alles ist neu, in: Streich, B./Kötter, T. (Hrsg.), Planung als Prozeß – von klassischem Denken und Zukunftsentwürfen im Städtebau, Festschrift für K. Borchard, Bonn, S. 33 ff.

Autorenverzeichnis

Eckhard Bergmann, Diplom-Volkswirt. Wissenschaftlicher Direktor am Bundesamt für Bauwesen und Raumordnung (BBR) (Eckhard.Bergmann@bbr.bund.de, http://www.bbr.bund.de).

Prof. Dr. Kilian Bizer, Professor für Wirtschaftspolitik und Mittelstandsforschung an der Georg-August-Universität Göttingen und Direktor des SfH Göttingen im deutschen Handwerksinstitut (DHI) (bizer@wiwi.uni-goettingen.de).

Dr. Wulf Brämer, Chemiker und langjähriger Leiter der F&E Abteilungen von W. C. Heraeus und Heraeus Kulzer GmbH & Co. KG, Geschäftsführer des Vereins Materials Valley e. V. (wulf.braemer@heraeus.com, www.materials-valley-rhein-main.de).

Oleg Cernavin, Diplom-Soziologe und geschäftsführender Gesellschafter der BC Forschungs- und Beratungsgesellschaft, Wiesbaden und Vorstandsmitglied des Rhein-Main-Institutes (oleg.cernavin@bc-research.de; www.bc-forschung.de).

Prof. Dr. Martin Führ, Professor für Rechtswissenschaften der Fachhochschule Darmstadt, Forschungsbeauftragter des Fachbereichs Sozial- und Kulturwissenschaften und Vorstandsmitglied des Rhein-Main-Institutes (fuehr@sofia-darmstadt.de, http://www.sofia-darmstadt.de).

Prof. Dr. Claas van der Linde, Professor an der Harvard Business School, Boston/USA und der Universität St. Gallen.

Prof. Dr. Eike W. Schamp, Professor für Wirtschafts- und Sozialgeographie am Institut für Wirtschafts- und Sozialgeographie der Johann Wolfgang Goethe-Universität Frankfurt am Main (schamp@em.uni-frankfurt.de, http://www.uni-frankfurt.de).

Prof. Dr. Rolf Sternberg, Wirtschafts- und Sozialgeographisches Institut der Universität zu Köln (Sternberg@wiso.uni-koeln.de, http://www.wiso.uni-koeln.de/wigeo/index.html).

509 **Lösungsstrategien zur Überwindung der Internationalen Schuldenkrise.** Hrsg. von M. Dabrowski, R. Eschenburg und K. Gabriel. Tab., Abb.; 349 S. 2000 ⟨3-428-10346-7⟩ € 64,– / sFr 110,–

510 **Deutschland im internationalen Technologiewettlauf.** Bedeutung der Forschungs- und Technologiepolitik für die technologische Wettbewerbsfähigkeit. Von C. Vogel. Tab., Abb.; 557 S. 2000 ⟨3-428-09907-9⟩ € 74,– / sFr 128,–

511 **Die Goldene Regel als Wettbewerbsgleichgewicht.** Ein Versucht über Keynes. Von T. Huth. Tab., Abb.; 207 S. 2001 ⟨3-428-10226-6⟩ € 68,– / sFr 117,–

512 **Beschäftigungseffekte von Unternehmensgründungen.** Ein Beitrag zur Erklärung des Zusammenhangs zwischen der Unternehmens- und Beschäftigungsfluktuation. Von F. Schmitz. Tab., Abb.; 196 S. 2001 ⟨3-428-09735-1⟩ € 49,– / sFr 87,–

513 **Produktsicherheit.** Eine informations- und rechtsökonomische Analyse. Von A. Endres und A. Lüdeke. Abb.; 253 S. 2001 ⟨3-428-10230-4⟩ € 49,– / sFr 87,–

514 **Das deutsche Wissenschaftswunder.** Eine ökonomische Analyse des Systems Althoff (1882-1907). Von L. Vereeck. 204 S. 2001 ⟨3-428-08049-1⟩ € 49,– / sFr 87,–

515 **Spezifikation einer Produktionsfunktion mit einem nichtrival nutzbaren Produktionsfaktor.** Von C. Colombier. IV, 235 S. 2001 ⟨3-428-10156-1⟩ € 74,– / sFr 128,–

516 **Langzeitarbeitslosigkeit im Wachstumsprozess.** Eine theoretische Analyse. Von A. Birk. Abb.; 251 S. 2001 ⟨3-428-10467-6⟩ € 68,– / sFr 117,–

517 **Rationale Sozialpolitik.** Die Produktion von Sicherheit und Gerechtigkeit in modernen Gesellschaften und ihre Implikationen für die ökonomische Theorie der Sozialpolitik. Von W. Schönig. Tab., Abb.; 515 S. 2001 ⟨3-428-10480-3⟩ € 62,– / sFr 107,–

518 **City Growth in Europe.** Von V. Nitsch. Tab., Abb.; 185 S. 2001 ⟨3-428-10499-4⟩ € 64,– / sFr 110,–

519 **Privatwirtschaftliche Forschungsaktivitäten bei unterschiedlichen Marktstrukturen und sich hieraus ergebenden Konsequenzen für die allgemeine Forschungs- und die Agrarforschungspolitik.** Von H. Hockmann. Tab., Abb.; 411 S. 2001 ⟨3-428-10503-6⟩ € 66,– / sFr 114,–

520 **Gewerkschaftstheorie und dynamische Unterbeschäftigung.** Von B. Utecht. Abb.; 295 S. 2001 ⟨3-428-10566-4⟩ € 64,– / sFr 110,–

521 **Kartell und Marktprozeß.** Ein stochastischer Ansatz. Von A. Haas. 189 S. 2002 ⟨3-428-10758-6⟩ € 48,– / sFr 85,–

522 **Determinanten des realen Wechselkurses.** Eine theoretische und empirische Analyse. Von Chr. Fischer. Tab., Abb.; 201 S. 2002 ⟨3-428-10508-7⟩ € 76,– / sFr 131,–

523 **Die Kategorie öffentlicher Güter als Grundlage von Staatstheorie und Staatswissenschaft.** Von H. Becker. Tab., Abb.; 224 S. 2002 ⟨3-428-10768-3⟩ € 76,– / sFr 131,–

524 **Gesundheit – Ethik – Ökonomik.** Wirtschaftsethische und moralökonomische Perspektiven des Gesundheitswesens. Hrsg. von D. Aufderheide und M. Dabrowski. 281 S. 2002 ⟨3-428-10477-3⟩ € 58,– / sFr 98,–

525 **Stabilität, Variabilität und Bestimmungsfaktoren der Verdienststruktur des Verarbeitenden Gewerbes in der Bundesrepublik Deutschland.** Von D. Loitz. 338 S. 2002 ⟨3-428-10711-X⟩ € 78,– / sFr 132,–

526 **Arbeitsmarkteffekte der EU-Osterweiterung.** Zur Wirkung von Integration, Migration und institutionellem Wandel auf dem Arbeitsmarkt. Von M. Hebler. 222 S. 2002 ⟨3-428-10884-1⟩ € 61,80 / sFr 104,–